A VIRADA
NA CARREIRA

MARCOS SILVESTRE

A VIRADA NA CARREIRA

GANHE DINHEIRO POR CONTA PRÓPRIA

COPYRIGHT © 2015, BY MARCOS SILVESTRE
COPYRIGHT © FARO EDITORIAL, 2015

Todos os direitos reservados.
Nenhuma parte deste livro pode ser reproduzida sob quaisquer meios existentes sem autorização por escrito do editor.

Diretor editorial PEDRO ALMEIDA

Preparação TUCA FARIA

Revisão GABRIELA DE AVILA

Capa e projeto gráfico OSMANE GARCIA FILHO

Foto de capa STARAS | SHUTTERSTOCK

Ilustrações Internas BLOOMUA | SHUTTERSTOCK

Ilustração retrato p. 7 BIAGGIO MAZZEO

Dados Internacionais de Catalogação na Publicação (CIP)
(Câmara Brasileira do Livro, SP, Brasil)

Silvestre, Marcos
    A virada na carreira : ganhe dinheiro por conta própria / Marcos Silvestre. — 1. ed. — São Paulo : Faro Editorial, 2015.

    ISBN 978-85-62409-52-3

    1. Economia 2. Empreendedorismo 3. Finanças pessoais 4. Sucesso profissional 5. Talentos (Pessoas) I. Título.

15-07965   CDD-332.024

Índice para catálogo sistemático:
1. Talento : Finanças pessoais : Economia   332.024

1ª edição brasileira: 2015 (1ª reimpressão)
Direitos de edição em língua portuguesa, para o Brasil, adquiridos por FARO EDITORIAL

Alameda Madeira, 162 – Sala 1702
Alphaville – Barueri – SP – Brasil
CEP: 06454-010 – Tel.: +55 11 4196-6699
www.faroeditorial.com.br

EMPREENDER... OU NÃO?
É impossível, diz o orgulho.
É arriscado, diz a experiência.
É inútil, diz a razão.
Dê uma chance... sussurra o coração.

SE DER ERRADO...
Saí ferido, diz o orgulho.
Eu avisei, diz a experiência.
Posso explicar, diz a razão.
Vai cicatrizar... pondera o coração.

SE DER CERTO...
Eu já sabia, diz o orgulho.
Às vezes funciona, diz a experiência.
Posso explicar, diz a razão.
Fiquei maior... comemora o coração!

AGARRE SEU TALENTO
E TENHA BOA SORTE
RUMO AO SUCESSO!

Sumário

13 O SUCESSO EMPREENDEDOR

33 S.O.R.T.E. NOS NEGÓCIOS | PARTE I
SABEDORIA: POR QUÊ + QUANDO

37 CAPÍTULO 1 | POR QUÊ
56 CAPÍTULO 2 | QUANDO

79 S.O.R.T.E. NOS NEGÓCIOS | PARTE II
OPORTUNIDADE: O QUÊ + COMO

81 CAPÍTULO 3 | O QUÊ
95 CAPÍTULO 4 | COMO

129 S.O.R.T.E. NOS NEGÓCIOS | PARTE III
RECURSOS: COM QUEM + COM QUANTO

133 CAPÍTULO 5 | COM QUEM
158 CAPÍTULO 6 | COM QUANTO

173 S.O.R.T.E. NOS NEGÓCIOS | PARTE IV
TRABALHO: PARA QUEM + POR QUEM

177 CAPÍTULO 7 | PARA QUEM: PARA O CLIENTE
182 CAPÍTULO 8 | POR QUEM: PELO NEGÓCIO

209 S.O.R.T.E. NOS NEGÓCIOS | PARTE V
ESTRUTURA: QUAL + QUEM

211 CAPÍTULO 9 | QUAL: A ESTRUTURA EMPRESARIAL
216 CAPÍTULO 10 | QUEM: SUA ESTRUTURA PESSOAL

Ao meu pai, senhor Atilio Silvestre Neto, que me instruiu, eu ainda garoto:

"Você está disposto a trabalhar tanto quanto eu trabalho?
Então, trabalhe para si mesmo, que é mais negócio!"

Eu topei. Ele me ajudou, ele *sempre* me ajudou... e deu muito certo!

O SUCESSO EMPREENDEDOR | **O CAMINHO**

SEU TALENTO É SEU MESMO... OU DOS OUTROS?
VOCÊ POR CONTA PRÓPRIA: ALGUMAS VANTAGENS SEDUTORAS
PASSE A NEGOCIAR SEU TALENTO EM BASES MAIS LUCRATIVAS
SUCESSO EMPREENDEDOR: OS MEGACASES × O SEU PLANO DE SUCESSO
JUNTE-SE AO CLUBE DOS EMPRESÁRIOS "NORMAIS" DE SUCESSO
VOCÊ PRECISA DE S.O.R.T.E. PARA ATINGIR O SUCESSO EMPREENDEDOR

UMA FÓRMULA CIENTÍFICA PARA FABRICAR SUCESSO EMPREENDEDOR:

S.O.R.T.E. NOS NEGÓCIOS
+
TALENTO PROFISSIONAL
=
SUCESSO EMPREENDEDOR

PRIMEIRA CONVERSA — O SUCESSO EMPREENDEDOR

SEU TALENTO É SEU MESMO...
OU DOS OUTROS?

Talento profissional. Você se considera um profissional de talento? O dicionário apresenta *talento* como sinônimo de *grande capacidade*. Mas... capacidade para quê? Se você acredita mesmo possuir um *talento profissional diferenciado*, isso significa que tem capacidade para fazer coisas muito boas acontecerem em sua vida profissional, com a formação e a capacitação que você possui, com o cargo que ocupa, na empresa em que trabalha, com a utilização dos recursos que estão a sua disposição nessa empresa, para agregar valor positivo à vida de outras pessoas através do seu trabalho, conforme você o desenvolve nesse contexto corporativo. Que bom, o mundo precisa muito de pessoas assim!

Emprego. Já que você tem um talento profissional diferenciado, é muito justo que queira ter sucesso, encontrando o melhor emprego para esse seu talento especial. Grande parte das pessoas ainda busca seu sucesso profissional atuando como *colaborador de uma empresa*. Através de *um bom emprego*, você espera obter um retorno interessante, não só para sua empresa e seus clientes, mas também para si próprio. Afinal, seu talento diferenciado produz bons frutos para a empresa na qual trabalha e a remuneração oferecida em troca desses frutos (que ficam sempre com seu empregador!) é apresentada a você de duas formas: seu *salário* e um pacote de *benefícios corporativos*. Quanto mais dessas recompensas você receber, maior será sua percepção de sucesso nesse emprego.

Podemos então dizer que a *equação do sucesso profissional* para um empregado assalariado de uma empresa qualquer é basicamente esta:

EMPREGO + TALENTO PROFISSIONAL = SALÁRIO E BENEFÍCIOS

Nada contra esse tradicional modelo de troca de valores da economia capitalista, mas... será que os dois lados dessa balança estão bem equilibrados? Você sabe o quanto tem se dedicado ao seu emprego (atual e anteriores), o quanto sempre veste a camisa. Seu talento você conhece muito bem, sabe o quanto lhe custou em termos de tempo dedicado, de estudo esforçado e de experiências de aprendizado, às vezes duras e amargas.

Você não deve esquecer-se, inclusive, de todo aquele dinheiro que empatou para desenvolver seu talento e trazê-lo a este ponto de maturidade atual. Você sabe muito bem *quanto vale* seu talento, e convenhamos: não é pouco! Portanto, chegou a hora de lhe fazer uma pergunta incômoda: você está seguro de que tem conseguido obter, na atual condição de empregado, um retorno verdadeiramente equilibrado em troca de seu talento profissional?

Lucro. Sim, pode até ser. A maior parte das empresas visa *lucro* e esse ganho será auferido — dentre outras fontes possíveis — através *do seu trabalho*. A busca (ética) do lucro em si é um direito e uma garantia de manutenção da empresa, e empresários competentes merecem mesmo bons lucros. O seu trabalho ajuda *diretamente* a empresa que hoje emprega você a obter lucro, um dinheiro que não vai para o seu bolso e que ajuda a enriquecer os donos/sócios da empresa para a qual trabalha. Ok, até existe a tal da Participação nos Lucros e Resultados (PLR), em alguns casos. Mas aí estamos falando de um pequeno pedaço do lucro total da empresa que será rateado entre todos os trabalhadores da equipe. É legal, é até motivador, mas não chega a fazer grande diferença em sua vida.

Dos outros. A verdade incontestável é que o seu trabalho enriquece *os outros*. Optando por atuar como colaborador de empresas durante uma vida profissional inteira, você corre o sério risco de que, ao longo dos anos, os outros acabem ficando com o melhor de seu "ouro profissional". Os lucros cumulativos gerados pelo seu trabalho, desenvolvido com empenho a partir de *seu* talento profissional, não ficarão no seu bolso. E... sabe como é... gratidão nesta história é algo muito relativo: quando você não interessar mais aos propósitos enriquecedores de seu empregador... rua!

Que tal poder recomprar seu próprio talento neste momento? Retomá-lo em suas próprias mãos e passar a negociá-lo no mercado de uma forma diferente, através de seu próprio negócio, em vez de vendê-lo a uma empresa por meio de um emprego convencional? Que tal dar uma grande virada em sua vida profissional e trocar a cadeira de *funcionário* pela poltrona de *dono*? Imagino que este pensamento deva lhe ocorrer com frequência, talvez até já tenha tirado seu sono algumas vezes. Mas não precisa ser assim: se a ideia de deixar de ser o talento dos outros fala alto para você, fique tranquilo: pode haver um caminho bem diferente a seguir.

VOCÊ POR CONTA PRÓPRIA: ALGUMAS VANTAGENS SEDUTORAS

Melhor! Ao atuar por conta própria, construindo e fidelizando uma boa carteira de clientes, é provável que acabe ganhando *bem mais dinheiro* do que como colaborador de uma empresa. Afinal, nesse caso, *todo o lucro* sobre o seu trabalho será redirecionado... para o seu próprio bolso! Além disso, o maior retorno financeiro poderá vir acompanhado de alguns interessantes benefícios acessórios, mais que o tradicional pacote corporativo de benefícios oferecidos a um típico funcionário de talento: vale-refeição + plano de saúde + ajuda de custo + PLR/bônus + previdência privada.

Como dono do seu próprio negócio e do seu tempo profissional, você poderá conquistar maior flexibilidade de agenda, conciliando melhor seus interesses profissionais e pessoais — assim, incrementando a sua qualidade de vida. Você também se verá livre do inevitável desgaste gerado pela burocracia do dia a dia de toda empresa, a tradicional "burrocracia" corporativa! Terá maior autonomia decisória, podendo selecionar os trabalhos que realmente deseja executar. Afinal, agora é você quem manda. Pense: quanto pode valer tudo isso, na prática? Seguramente, não é pouco.

De quebra, na condição de *dono* — ou pelo menos *sócio* — de um negócio próprio, você poderá se beneficiar de seu talento profissional por muito mais tempo, esticando a longevidade da sua carreira profissional. Ao atuar por conta própria, ninguém irá demiti-lo na reta dos cinquenta anos porque você ficou "velho demais" para a posição (na maior parte das vezes, seria "caro demais"). No mercado de trabalho, os cabelos brancos, normalmente, o aproximam da porta da rua... No mundo dos negócios, a cabeça grisalha é prova de *vivência e experiência*, ingredientes preciosos que, aplicados a uma boa oportunidade de negócio, sempre valerão ouro.

Você empregador. Existe ainda uma outra vantagem de deixar de ser o talento dos outros, que talvez só venha um pouco mais à frente, mas que na certa será o caminho natural de seu sucesso empreendedor: com a evolução do seu negócio, você poderá contratar funcionários e obter lucro sobre o trabalho deles. Existe hoje no mercado uma ampla oferta de profissionais preparados para atuar na condição de *colaboradores de empresa*, mas que ainda não têm bagagem suficiente (alguns, aliás, jamais terão o perfil necessário) para atuar por conta própria. Esses profissionais, talentosos e experientes, mas ainda distantes de uma real experiência empreendedora, poderão ser seus funcionários. Daí, seu negócio passará a acumular lucros sobre o trabalho desses colaboradores. Tudo seguindo a boa ética, dentro das leis vigentes e respeitando as regras do jogo do mundo dos negócios. Mas... jogando esse jogo a seu favor, por uma escolha sua!

Se um colaborador evoluir em seu potencial empreendedor, mostrar competência e confiança, ele poderá inclusive se tornar seu sócio no futuro e ajudar a expandir o negócio. Eu já vi isso acontecer diversas vezes — o caso do colaborador braço direito, de alto desempenho, que finalmente se torna sócio. Sim: nessa história pode haver um final bastante atraente para todos os empreendedores envolvidos!

PASSE A NEGOCIAR SEU TALENTO EM BASES MAIS LUCRATIVAS

Considerando tudo isso, peço que reflita: ter *talento profissional* e um *bom emprego* pode não ser o suficiente para extrair o melhor do seu potencial profissional. Seu talento já está sendo bem aproveitado, mas pelas mãos de seu atual empregador, angariando lucro para uma empresa que não é sua! E então: terá de ser assim a vida toda... ou você crê que chegou a hora de virar esse jogo?

Deixe de ser! Eis a minha proposta: deixe de ser o talento *dos outros*, seja *dono* de seu próprio talento, explorando-o através de *seu próprio negócio*! Ou pelo menos participe como *sócio* em uma empresa, partilhando seu talento (seu capital) com um ou mais profissionais detentores de talentos complementares, unindo forças para tocarem solidariamente um projeto de negócio promissor. Interessa a você trilhar esse caminho inovador, provavelmente inédito em sua história de vida profissional? Se está lendo este livro, tenho a certeza de que sim. Você quer mesmo se tornar um *empresário de sucesso*. Isso é possível.

Talvez você ainda não possua a *empresa*; ou talvez tenha uma pessoa jurídica aberta, mas ainda não chegou a movimentá-la para valer. Seguindo os passos aqui propostos, você terá sua empresa aberta e em plena atividade em menos tempo do que imagina. Todavia... e quanto ao *sucesso*? Será que vem mesmo? Você é uma pessoa de responsabilidade: sem enxergar uma certa garantia nesse quesito, não haveria por que empreender todo o esforço necessário para uma mudança de rumo tão impactante em sua vida profissional e pessoal.

Existiria, então, um passo a passo concreto para assegurar o sucesso em seu projeto empreendedor? Haveria uma "receita de bolo" para se tornar um empresário de sucesso? Parece bom demais para ser verdade, mas o sucesso no mundo dos negócios é para aqueles que creem, não para os céticos. Desde que fundamentem sua crença em terreno sólido, é lógico. E muita gente boa já conquistou para si este tipo de terreno, edificando sobre ele verdadeiros impérios. Que tal tentar você também?

SUCESSO EMPREENDEDOR:
OS MEGACASES × O SEU PLANO DE SUCESSO

Big heroes. Grandes empreendedores do mundo dos negócios sempre nos inspiram com seus casos de sucesso estrondoso. Teriam estes super-heróis do empreendedorismo descoberto a tal receita do sucesso empresarial? Seriam eles os privilegiados possuidores do mapa do tesouro, que mostra o caminho das pedras para se chegar à terra sagrada das vendas, do lucro, da expansão e da diversificação nos negócios? Afinal, qual o segredo dos grandes gênios inspiradores do mundo do *business*? Qual a receita de notáveis como os americanos Bill Gates/Microsoft, Steve Jobs/Apple e Martha Stewart/Living Omnimedia Inc., ou os brasileiros Abilio Diniz/Grupo BRF, Silvio Santos/Grupo SS e Luiza Helena Trajano/Magazine Luiza, apenas para citar alguns? Que tal estudar a fundo e tentar replicar o sucesso empresarial desse pessoal?

Prepare-se para um balde de água fria: o que tenho a lhe dizer é que não há padrão, não há método, não há receita para alcançar o sucesso que esses empreendedores alcançaram. Nenhum desses genuínos *outliers* pode dizer que se planejou de forma linear desde os seus primeiros passos rumo ao sucesso (embora algumas de suas biografias, para deixarem a coisa mais "romântica", afirmem que sim). Nenhum deles projetou com clareza cada etapa do avassalador sucesso empresarial que dominaria suas trajetórias profissionais. Sim, eles estiveram sempre "no controle", mas de um processo basicamente "incontrolável".

Analisando de perto os caminhos destes incríveis megaempresários, notamos que as coisas foram "simplesmente acontecendo" para eles. Em suas estonteantes epopeias empreendedoras, ondas gigantes foram se formando no mercado de maneira nunca antes vista e estes talentosos surfistas do *business* conseguiram, inacreditavelmente, permanecer na crista de onda após onda. Surfaram de forma surpreendente uma sequência de oportunidades jamais imaginadas por eles próprios e assim traçaram fantásticas histórias de sucesso. Histórias que se revelaram, todas e cada uma delas, essencialmente imprevisíveis.

Bem, então eu estaria afirmando que o sucesso empreendedor deste pessoal não nos serve para nada? Ler a biografia desses grandes empreendedores, por exemplo, não seria útil para capacitar você a trilhar o seu sucesso empreendedor particular?

Eles e elas. Inspire-se nos titãs do mundo empresarial para assimilar bons valores. Sim, leia (ou *devore*, como eu faço desde que era adolescente!) suas biografias. Deleite-se com suas hipnotizantes palestras e estude os bons livros de negócios que porventura esses gigaempresários escreverem. Beneficie-se até mesmo das obras que estudiosos do *business* (como eu) escreverem sobre estes admiráveis mitos empreendedores. Aprender mais sobre esses luminares do universo empreendedor lhe servirá de importante estímulo, ricas fontes de ideias e técnicas muito proveitosas para lançar e robustecer o seu negócio próprio. Eu mesmo faço questão de beber com frequência dessas fontes de sabedoria prática, que podem até ser acessadas sem custo algum pela internet, ou pelo preço de um bom livro.

Nós. Agora, preciso lhe fazer um alerta bastante sério: *deixar de ser o talento dos outros* para explorar seu talento com suas próprias mãos requer boa dose de realismo. Finque os pés no chão e reconheça: eu e você não somos — provavelmente, jamais seremos — equiparáveis a esse pessoal aí. Como pessoas, talvez sim. Como ser humano, é até possível que você possa superá-los, no sentido de ter um bom coração, de ter bons valores. No entanto, é muito improvável que nós consigamos trilhar caminhos comparáveis aos desses superempresários. Eles, simplesmente, são empreendedores diferentes de nós. Se porventura for seu destino tornar-se um desses gigantes, fique tranquilo, pois isso acontecerá. O que é do homem, o bicho não come. Mas para não se atrapalhar logo nos primeiros passos de sua trajetória de sucesso, recomendo que não se afaste da realidade.

Em minha (modesta) condição de empresário de sucesso, e também como professor experiente de Empreendedorismo e Negócios, tenho a obrigação de ser bastante cândido com você: eu, simplesmente, não saberia explicar — muito menos replicar — o passo a passo desses *gigacases empresariais* de sucesso. Agora, para ser sincero, tampouco estou preocupado em conseguir fazê-lo. Nesta vida, fenômenos sobrenaturais, simplesmente, não seguem uma lógica tipificável, não se desenrolam por padrões claramente inteligíveis para pessoas normais. E se não dá para entender, não dá para "imitar"! Isso o incomoda? A mim não, nem um pouco, e creio que também não deveria incomodar você, candidato a empreendedor de sucesso.

JUNTE-SE AO CLUBE DOS EMPRESÁRIOS "NORMAIS" DE SUCESSO

Céu estrelado. Há milhões — sim, milhões! — de empresários bem-sucedidos espalhados pelo mundo, a maior parte deles de pequeno ou médio porte. É gente "normal", que jamais chegará sequer aos pés dos grandes feitos dos monstros sagrados dos negócios, seja em termos de faturamento, de número de funcionários ou da diversidade de ramos em que atuam. Ainda assim, estamos falando de empreendedores de muito sucesso, profissionais que seguramente deram muito certo como empresários e — estes sim! — podem nos servir como referências acessíveis, confiáveis, como bons guias no caminho do sucesso empreendedor.

Refiro-me a todos aqueles indivíduos comuns que um dia fizeram a corajosa opção de abandonar o mercado de trabalho como funcionários de empresas e passaram a explorar seu talento por conta própria e assumindo o risco. São pessoas que vêm obtendo resultados muito positivos justamente porque, seja de forma consciente ou não, de maneira explícita ou não, seguiram, todas elas, basicamente, uma mesma *receita de vitória* em suas práticas empreendedoras. Cada qual com suas circunstâncias, sua época, sua personalidade e seu peculiar histórico de vida, mas todas alinhadas com uma mesma *fórmula de sucesso* na essência de seu caminhar empreendedor.

Qual seria, então, essa receita de sucesso empresarial para "gente como a gente"? Respondo com a *experiência* de quem, desde 1991, assessora pequenos e médios empresários dos mais diversos ramos, orientando-os em planejamento, abertura, estabilização, consolidação e expansão de seu negócio próprio. Nunca fui guru de megaempresários famosos, nem jamais pretendi sê-lo, mas me orgulho muito dos pequenos e médios empresários vitoriosos com quem tenho podido colaborar.

Também fundamento minha resposta na *vivência* de quem, desde os tempos da faculdade, escolheu trabalhar por conta própria em projetos de negócios variados, algumas vezes em carreira solo, outras em sociedade com profissionais complementares e competentes. Nem tudo deu certo na proporção que, às vezes, eu esperava. Não construí um império como a Apple ou o Magazine Luiza; bem longe disso. No entanto, a minha bagagem empreendedora foi se acumulando, e com ela veio um sucesso sólido, tranquilo, um sucesso "natural", se é que podemos nos referir dessa maneira a qualquer tipo de grande vitória nesta vida. E, agora, eu gostaria de dividir isso com você.

VOCÊ PRECISA DE S.O.R.T.E. PARA ATINGIR O SUCESSO EMPREENDEDOR

Receita. Sejamos francos: o sucesso empresarial não é feito bolo que se compra pronto na padaria. Mas para você que já tem um talento diferenciado e deseja, agora, empreender com base nele, o sucesso tem *receita*, sim. Ele segue uma *fórmula* que pode ser adotada com excelentes resultados por "reles mortais" como nós, desde que sejamos talentosos, corajosos, bem-intencionados, planejadores cuidadosos e muito dedicados na execução. Veja só esta proposição de sucesso que agora lhe faço:

> **SORTE NOS NEGÓCIOS + TALENTO PROFISSIONAL = SUCESSO EMPREENDEDOR**

Antes de prosseguirmos, compare isso com a outra fórmula convencional:

> **EMPREGO + TALENTO PROFISSIONAL = SALÁRIO E BENEFÍCIOS**

Bem diferente, não?! Mas, então, eu estaria, por acaso, sugerindo que você terá de submeter seu talento profissional aos caprichos da *sorte* se quiser se dar bem como empreendedor profissional? Ora, depois de tudo o que já argumentei até aqui, propor-lhe isso não faria o menor sentido. Nesta nova fórmula, eu jamais poderia estar me referindo à *sorte acidental,* ou seja, aquela sorte fruto do acaso, que pode até ajudar ou atrapalhar, mas, na prática, pouco define entre o fracasso e o sucesso. Contar com essa sorte seria dar um passo atrás rumo ao ocultismo, seguindo o sentido radicalmente oposto àquele que desejo explorar com você: a *ciência do sucesso nos negócios.* Sirvo--me do termo *ciência* porque meu objetivo é lhe transmitir uma *fórmula científica,* ou seja, uma fórmula observável, comprovável, aprendível, replicável e acessível a todos os interessados. Um passo a passo que você pode, tranquilamente, adotar e no qual pode, firmemente, confiar para produzir o sucesso almejado, com chances muito grandes de que dê certo para valer, mesmo.

Esta fórmula estipula que, para transformar seu talento profissional em sucesso empresarial, você deve agregar a ele uma boa medida de *sorte nos negócios.* Pretendo, ao longo deste livro, lhe mostrar que esse tipo específico de sorte é formado por um conjunto de *cinco elementos vitais* que você precisa conhecer e dominar e que irei, aqui, batizar de **S.O.R.T.E. nos negócios.** Note que não há nada de "filosófico" nestes elementos de sucesso. Todos eles estão diretamente ligados à forma de fazer as coisas no dia a dia dos negócios e compõem assim uma *sorte concreta e propositiva*:

S. O. R. T. E. NOS NEGÓCIOS

S ABEDORIA: *por quê + quando*

O PORTUNIDADE: *o quê + como*

R ECURSOS: *com quem + com quanto*

T RABALHO: *para quem + por quem*

E STRUTURA: *qual + quem*

UMA FÓRMULA CIENTÍFICA PARA FABRICAR SUCESSO EMPREENDEDOR

Então, registre aí:

Passe a trabalhar melhor sua S.O.R.T.E. NOS NEGÓCIOS, agarre o seu TALENTO PROFISSIONAL com as suas próprias mãos e garanta assim o seu SUCESSO EMPREENDEDOR!

Eis aqui uma fórmula de sucesso empreendedor bastante arrojada e promissora, que eu não poderia deixar de anunciá-la com tamanha ênfase, porque já pude observá-la dando certo para muita gente! Agora, quero ver esta fórmula funcionando também na sua vida empreendedora, simples assim:

> S.O.R.T.E. NOS NEGÓCIOS
> +
> TALENTO PROFISSIONAL
> =
> SUCESSO EMPREENDEDOR

A VIRADA NA CARREIRA

Um alerta. Como até este ponto eu ainda não tive a oportunidade de detalhar os elementos dessa fórmula, corro algum risco de que alguém interprete a coisa toda como mais um esquema de autoajuda barata, mais uma dessas fórmulas motivacionais que não vão além da malhada mensagem do "querer é poder, basta tentar". Ora, longe de mim: com extensa bagagem como consultor de pequenos e médios empreendedores de sucesso, como professor experiente de negócios e, também, como empreendedor bem realizado (em minha modesta escala), tudo isso desde o início dos anos 90, eu posso afirmar que pesquisei, estudei, encontrei, trilhei, testei, depurei, aperfeiçoei, ensinei e prescrevi a muitos o caminho das pedras para a vitória no negócio próprio. Desvendei um caminho que não tem nada de mágico, mas que está calcado em observação e análise econômica científica. Afinal, sou economista, não alquimista. Posso lhe ensinar a transformar seu talento em ouro, é verdade, mas não será na ponta de uma varinha de condão, e sim na ponta do lápis! Sendo assim, sigamos adiante com esta nova e fascinante experiência de vida.

VAMOS EMPREENDER... E VAMOS FATURAR!

Sonho. Qual o projeto empreendedor que hoje domina os seus pensamentos? Você deseja montar um escritório e prestar serviços de consultoria ou de suporte técnico e manutenção para um ou mais clientes? Talvez você queira aproveitar sua experiência para fornecer serviços especializados de inspeção, auditoria de processos ou treinamento e capacitação de pessoal. Ou, então, você deseja atuar em vendas, trabalhando a partir de casa; ou, até mesmo, abrir um comércio, uma butique de roupas finas, uma loja de sapatos e bolsas, de artigos de informática, ou uma loja de roupas para bebês e crianças. Pode ser também uma loja de cosméticos ou, quem sabe, uma clínica de estética, hum? Talvez você pense em comprar uma franquia neste ou naquele ramo? Que tal abrir um *fast-food* numa versão *food-truck*? Você deseja, por acaso, estruturar uma pequena/média linha de produção, como uma casa de massas frescas ou refeições prontas *delivery*? Quer montar um bufê infantil ou um restaurante a quilo? Pensa em abrir uma escola de línguas e cursos complementares? Que tal iniciar uma *startup* na dinâmica área da tecnologia da informação? Ufa, quantas ideias!

Sucesso! O projeto empresarial que passa pela sua cabeça neste momento pode seguir qualquer um desses caminhos, ou, ainda, um outro formato que eu ainda não tenha mencionado aqui. O mundo dos negócios é bastante diversificado, pois o mercado é muito amplo e existem inúmeras possibilidades para se tentar o sucesso empreendedor. Em nossos sonhos mais livres, costumamos nos projetar como donos deste ou daquele negócio específico. Em qualquer caso, entenda que a receita a ser seguida para assegurar seu sucesso empreendedor será, fundamentalmente, a mesma. Quase qualquer ramo de negócios poderá ser sua janela de realização. Afinal, sucesso empreendedor é sucesso empreendedor, só troca de endereço. E, agora... eu quero que *uma boa dose* desse sucesso vá para *o seu* endereço!

Perguntas. Creio que conheço as principais *perguntas* que povoam (ou deveriam povoar) sua mente neste momento de questionamentos e de decisões importantes sobre o melhor caminho para empreender:

POR QUÊ?

QUANDO?

O QUÊ?

COMO?

COM QUEM?

COM QUANTO?

PARA QUEM?

POR QUEM?

QUAL?

QUEM?

Respostas! Nesta obra, eu pretendo fornecer-lhe *respostas* bastante objetivas. Aliás, meu convite aqui é mesmo de natureza bem prática: que você pare apenas de sonhar com as possibilidades e passe a fazer negócios para valer, seguindo a fórmula do sucesso empreendedor: o **TALENTO** você já tem, o **SUCESSO** é justamente o que você quer, então... permita que eu deseje (e acrescente) a você um bom tanto de **S.O.R.T.E.** nesse projeto!

S.O.R.T.E. NOS NEGÓCIOS | PARTE 1

Sabedoria:
por quê + quando

S.O.R.T.E. NOS NEGÓCIOS | PARTE 1

SABEDORIA: POR QUÊ + QUANDO

SABEDORIA: POR QUE E QUANDO EMPREENDER... OU ENTÃO AGUARDAR

Você enxerga claramente *por que* poderá se tornar um empresário de sucesso? Já chegou mesmo a hora de detonar seu projeto empreendedor?

CAPÍTULO 1 | POR QUÊ

UM TALENTO PROFISSIONAL DIFERENCIADO
Você tem mesmo este ingrediente essencial do sucesso? Onde ele está?

SEU TALENTO PROFISSIONAL TRADUZIDO EM CIFRÕES
Na ponta do lápis, quanto vale o talento que você tem hoje em mãos?

SUAS REAIS MOTIVAÇÕES PARA EMPREENDER
Quais são seus verdadeiros estímulos para virar a chave do negócio próprio? Suas razões são sólidas o suficiente para tomar essa decisão?

COLABORADOR × EMPREENDEDOR: OS GANHOS NA TROCA
O que você poderá ganhar de concreto se decidir explorar seu talento por conta própria e conseguir, de fato, se realizar neste novo caminho?

A NOVA DINÂMICA DE TRABALHO DO EMPREENDEDOR
Atuando como empreendedor, será que você se adaptará à nova rotina e ao novo ambiente de trabalho? Poderá até gostar mais, no final das contas?

CAPÍTULO 2 | QUANDO

A HORA DE VIRAR A CHAVE: CORAGEM DOSADA COM PACIÊNCIA!
Qual é o momento mais indicado para se despedir de vez da vida de funcionário e então detonar seu projeto empreendedor?

A NOVA DINÂMICA DE GANHOS DO EMPREENDEDOR
A troca da posição de empregado pela de empresário terá reais chances de ser vantajosa do ponto de vista financeiro? Como isso se dará?

COLABORADOR × EMPREENDEDOR: A TROCA DE BOLSOS
Quantos cifrões você perderá se deixar de trabalhar como funcionário? Qual o mínimo que precisará tirar do negócio próprio para compensar?

O CAPITAL DE SUSTENTAÇÃO DO EMPREENDEDOR: SUA PROTEÇÃO
Como planejar-se financeiramente para poder encarar com serenidade a renda temporariamente achatada na largada do projeto empreendedor?

PLANEJANDO-SE PARA PERMANECER ENXUTO NOS PRIMEIROS TEMPOS
Como manter as despesas pessoais leves enquanto o empreendedor trabalha pelo lançamento, estabilização e consolidação de seu negócio?

UMA DESPEDIDA HONROSA... E POTENCIALMENTE LUCRATIVA!
Que cuidados tomar no momento de se desligar de seu atual emprego?

S.O.R.T.E. NOS NEGÓCIOS | PARTE I

SABEDORIA:
POR QUÊ + QUANDO

SABEDORIA: POR QUE E QUANDO EMPREENDER... OU ENTÃO AGUARDAR

Você enxerga claramente *por que* poderá se tornar um empresário de sucesso? Já chegou mesmo a hora de detonar seu projeto empreendedor?

Sabedoria empreendedora. Está aqui um conceito bastante amplo, que pode subentender muita coisa. Para o propósito específico de incrementar as chances de sucesso do seu projeto empreendedor, quero valer-me do termo sabedoria com o significado mais restrito de **senso de oportunidade** para os negócios, uma mistura bem balanceada de *esperteza* com *prudência* para a atividade de empreender. Creio que, se quer mesmo virar a chave do seu próprio negócio, você deve buscar sabedoria em dois sentidos (aliás, curiosamente, antagônicos): ter **coragem** para não deixar passar o momento certo de dar a grande virada e começar a empresariar, mas ter também **juízo** para não se precipitar e se atirar às cegas em seu desafio empreendedor, correndo o risco de queimar esta preciosa chance de se realizar em um patamar verdadeiramente diferenciado de sua vida profissional e pessoal.

A propósito, creio que estas duas qualidades, *coragem* e *juízo* (lados opostos de uma mesma moeda) devem acompanhar qualquer empresário de sucesso durante *toda* a sua carreira e estar sempre presentes a cada novo lance de sua "aventura" empreendedora. Gosto de comparar o perfil do empreendedor legítimo ao de um aventureiro prudente que salta de paraquedas. Se não tiver uma boa dose de coragem, ele jamais passará pela incrível experiência de voar solto no ar, feito um pássaro. Mas para garantir saltos verdadeiramente felizes, um após o outro, tudo terá de ser feito com muito juízo, contando com o respaldo de toda a estrutura de segurança necessária para ampará-lo, seguindo o *timing* correto, sabendo como proceder a cada momento da aventura, quais os recursos disponíveis, quando e como utilizá-los. Enfim, saltando com sabedoria.

Sabedoria: *por que* **empreender?** Ora, porque você acredita ter em mãos uma oportunidade ainda melhor que a atual de se realizar profissionalmente, explorando seu talento diferenciado por conta própria, aquele talento que já vale muito, e valerá ainda mais se puder ser aplicado em seu próprio negócio! Empreender faz sentido porque, analisando calmamente, você consegue enxergar que está com as motivações corretas para fazê-lo, já ponderou (e inclusive cobiçou) os potenciais ganhos na troca da posição de colaborador pela de empreendedor e já avaliou realisticamente a nova dinâmica de trabalho como dono/patrão, concluindo que você se adaptará a ela com grande facilidade, de livre e espontânea vontade. Aí está o porquê!

Sabedoria: *quando* **empreender?** Pode ser já (obaaa!), ou talvez seja conveniente esperar mais um pouco. Aqui será necessário dosar sua coragem com um tanto de paciência, a filha primogênita da prudência. Há um indicador bem concreto que eu o ajudarei a apurar para identificar se a hora de fazer a troca é mesmo esta: *seus ganhos*! De que forma sua renda será afetada com essa grande virada? Como planejar-se para permanecer enxuto e superar os primeiros tempos de renda, provavelmente, minguada? Cuidaremos desse assunto com grande responsabilidade. Não há dúvida de que preparei este livro para encorajá-lo a tomar a decisão de empreender o quanto antes. No entanto, também assumo o compromisso de ajudá-lo a fincar os pés no chão com seriedade, pois sei que apenas agindo com uma carga corretamente calibrada de sensatez você se realizará de verdade neste seu projeto de vida. Isso passa, inclusive, pelos cuidados necessários para se desligar de seu atual emprego deixando as portas abertas, como vou lhe sugerir.

VAMOS FATURAR!

Se você já está suficientemente seguro do *porquê* de dar os primeiros passos rumo ao negócio próprio, e se já está conscientemente convencido de que o *quando* é nada menos do que *agora*, pode até dispensar a leitura desta próxima seção do livro. Do contrário, recomendo que colha nas próximas páginas boas orientações para amadurecer sua decisão de se estabelecer por conta própria, agregar ao seu **TALENTO** o máximo de **SABEDORIA**, para, com ela, aumentar suas chances de obter **SUCESSO**! E boa **S.O.R.T.E.** para você!

CAPÍTULO 1 | POR QUÊ

UM TALENTO PROFISSIONAL DIFERENCIADO
Você tem mesmo este ingrediente essencial do sucesso? Onde ele está?

A *sabedoria* separa os tolos dos bem-sucedidos. Não seria nada sábio lançar-se ao mercado, tão competitivo como ele é, sem ter algo diferenciado a oferecer. Aliás, sem um talento diferenciado fica mesmo difícil realizar quaisquer feitos de grande valor nesta vida, dentre eles, o lançamento de um negócio próprio de sucesso.

Fontes preciosas. Seu talento profissional especial pode ser encontrado essencialmente em uma de três fontes distintas que, normalmente, são complementares: *paixão*, *formação* e *atuação profissional*. O talento de nível verdadeiramente diferenciado deverá pontuar muito bem em pelo menos um desses aspectos, mas de preferência em todos os três.

Paixão = talento. Um talento marcante pode se originar de uma grande paixão, uma afinidade incomum por determinada atividade profissional. É simples: quem faz com amor faz benfeito e quem faz benfeito mais hora menos hora se estabelece e conquista sua fatia no mercado em que se lançou. Note que um *genuíno amor* por uma certa atividade de trabalho não se confunde com a paixão profissional platônica. Nesse último caso, a pessoa, talvez desiludida com sua atual rotina de trabalho, passa a admirar uma outra atividade que não conhece na essência e, justamente por isso, acaba encantado por ela... quando não deveria!

O médico, cansado dos intermináveis plantões, inveja a vida do advogado, sempre sentado em sua enorme poltrona de couro naquele confortável e elegante escritório. O advogado, cansado de tanto bater perna por aí visitando clientes e defendendo seus complicados casos, inveja o médico que fica atendendo despreocupadamente em seu consultório, enquanto a fila de pacientes do lado de fora vai se acumulando. Tudo ilusão! Não se deixe, você também, dominar-se pelo "complexo da grama do vizinho". Toda profissão requer perseverança para ser exercida e sempre haverá alguns sapos a serem engolidos ao longo do caminho.

Quando cito a paixão profissional como fonte de um talento diferenciado, refiro-me àquele amor consciente por uma atividade que se conhece a fundo e que, apesar disso, ou por isso mesmo, se ama de paixão! Naturalmente, para atingir esse ponto é necessário ter uma certa dose de experiência no exercício da profissão, o que permitirá que você desvende seus poréns e, ainda assim, se encante por sua essência.

Veja bem, não é necessário que você tenha uma vivência de muitos anos em determinada área para que possa se dar o direito de afirmar ser um apaixonado profissional por ela. É possível que, em pouco tempo de trabalho, já consiga fazer uma leitura profunda do ramo e possa identificar que é naquela área que você deseja atuar *para o resto da vida*, a despeito de *como* irá atuar. Eu mesmo não havia completado um ano de atividades letivas quando me enxerguei como um apaixonado professor para todo o sempre.

Paixão que cresce e aparece. Também há o caso daqueles profissionais que, atuando em uma atividade principal que julgavam pouco encantadora, acabaram desenvolvendo como bico uma determinada atividade complementar pela qual passaram a nutrir grande afeto. Apesar de começar em segundo plano, o encantamento pela função colateral acabou se revelando predominante com o passar do tempo.

Este é o caso da arquiteta que nos finais de semana animava festas infantis e acabou montando uma empresa especializada nessa área. Tal qual a administradora que agitava viagens frequentes com grupos de amigos e conhecidos e acabou comprando uma franquia de uma conhecida agência de turismo. Ou o advogado trabalhista que defendia ONGS

CAPÍTULO 1 | POR QUÊ

nas horas vagas e acabou montando um escritório especializado no terceiro setor. Pois está valendo concentrar aí o seu talento, justamente naquela outra atividade que surgiu quase por acaso, mas que despertou sua paixão. Na virada para o negócio próprio, é essa atividade que deverá ser colocada em evidência, aposentando o que até então havia sido o carro-chefe (sua profissão original), formalizando e profissionalizando a atividade antes secundária.

Paixão que mora ao lado. Existe ainda o profissional que, atuando em determinada área, acompanhou *muito de perto* as atividades de um profissional de outra área e, por observação frequente e atenta, teve seu amor profissional despertado por ela. Mesmo sem jamais ter ele próprio exercido aquela função, este profissional passou a conhecer muito bem a dinâmica daquele ramo e acabou encontrando nessa atividade empreendedora sua verdadeira paixão.

Foi assim com o comprador que, de tanto conviver com vendedores e admirar seu trabalho, acabou se apaixonando pela atividade de vendas, vindo a tornar-se um (grande!) atacadista. Lembro-me ainda do caso de um profissional que comercializava insumos para padarias de todo o estado e acabou, ele próprio, montando uma loja de bolos caseiros. Tempos depois, ele se tornou sócio de uma padaria de muito sucesso e hoje já abriu o quarto estabelecimento! E também foi a paixão pela atividade "alheia" que tocou aquela assistente de consultório dentário: de tanto acompanhar o cirurgião dentista durante seus procedimentos, ela decidiu encarar o desafio de estudar odontologia e abriu seu próprio consultório. Foram todos caminhos de *transformação*, de uma simples admiração pela profissão alheia para a eleição de uma genuína paixão profissional.

Formação = talento. Tomo esse último exemplo do cirurgião dentista para me mover rumo à próxima possível fonte de talento profissional diferenciado: sua formação profissionalizante e universitária. Uma forma sempre válida de conhecer uma atividade, e de se habilitar para exercê-la, é estudá-la nos bancos escolares. No meu caso, as aulas de direito na faculdade de economia despertaram em mim a sedutora ideia de também me capacitar para atuar como advogado. Similarmente, se você vem angariando uma boa formação universitária e pós-universitária em determinada área, seguramente, vem depurando seu talento nessa área.

É lógico que só a formação sem nenhuma atuação prática no ramo quase não chega a contar pontos para seu talento, mas dificilmente alguém estuda muito uma disciplina se não se apaixona por ela e pretende desenvolvê-la no mercado. Também quero ressaltar que a formação que pode alimentar seu talento profissional não precisa indispensavelmente ser de nível universitário. Dependendo da área, há uma série de cursos para se profissionalizar e especializar com excelente padrão, e tê-los em sua bagagem é clara indicação de talento no ramo. Para o profissional que deseja montar uma doceria, por exemplo, uma faculdade de engenharia de alimentos é, sem dúvida, muito recomendada, mas os excelentes cursos de culinária do Senac são igualmente valiosos!

Atuação Profissional = talento. Por fim, talvez a mais marcante fonte de talento seja mesmo a atuação no ramo, a experiência de trabalho efetivamente angariada em determinada área. Talvez você nem mesmo tenha uma paixão arrebatadora pelo ramo e, talvez, sua formação formal na área seja inclusive limitada (por vezes, sem uma faculdade sequer), mas os muitos quilômetros rodados fazem ver que existe aí uma chama viva de talento profissional. Nada como contar com a experiência, a vivência, o conhecimento prático acumulado, e também os conhecidos, aquela valiosa carteira de contatos que você formou ao longo dos anos numa determinada área. Toda esta bagagem confere ao profissional a confortante sensação de que ele de fato domina tal atividade, que ele é mesmo muito bom nisso e que, simplesmente, sabe fazer isso muito benfeito!

E quanto a você? Tem mesmo uma *grande paixão* por uma determinada área? Tem sólida *formação profissionalizante* nela? Tem um histórico de extensa (e intensa!) *atuação profissional* no ramo? Se a resposta for um inquestionável *sim* para pelo menos um desses fatores, não duvide de seu potencial. Se as três perguntas acima merecerem, ao mesmo tempo, um sonoro *sim*, então... sim, você tem talento! E talvez possa explorar esse seu talento diferenciado de forma mais eficaz se colocá-lo para trabalhar diretamente em seu negócio próprio!

CAPÍTULO 1 | POR QUÊ

SEU TALENTO PROFISSIONAL
TRADUZIDO EM CIFRÕES

Na ponta do lápis, quanto vale o talento que você tem hoje em mãos?

Encontrar uma boa resposta para essa difícil pergunta não deixa de ser importante para que você não subestime, nem superestime, o que tem em mãos. A *sabedoria* nos mostra que qualquer um desses dois caminhos poderia ser fatal para o novo empreendedor. Ao se subestimar, ele acabaria por não chamar para si o devido valor, teria dificuldade em se impor no mercado, até mesmo de cobrar por sua oferta diferenciada, e acabaria sendo deixado de lado pelos clientes. Superestimar-se seria um erro fatal diante da crescente competitividade. Melhor mesmo é saber ao certo, da forma mais neutra possível: quanto vale seu talento?

Você pode tentar enxergar o valor de seu talento profissional com base no *quanto ele lhe custou*. Para chegar até aqui, quantos anos de estudo você acumulou? Quantos livros você leu para aprender mais? Quantos cursos fez para se aperfeiçoar? Quantos anos de dedicação ao trabalho, submetendo-se a uma série de experiências, nem sempre agradáveis, mas todas contributivas e construtivas de seu talento (de algum ponto de vista)? Quanto tempo de lazer deixou de ter, com a família, com os amigos, cultivando seus *hobbies*, para desenvolver sua atividade profissional de maneira especial e trazê-la até este ponto? Quanto de seu passado foi empatado no seu talento?

Passado × presente. O ideal seria conseguir converter essas respostas todas em cifrões que, somados, pudessem indicar o valor do estoque de talento que você acumulou até hoje. Mas é impossível quantificar dessa forma todo o seu esforço *passado*. Assim, devemos buscar um critério mais objetivo de valoração de seu talento, olhando para o seu *presente*. Quanto você consegue amealhar por seu talento hoje no mercado de trabalho? Na condição de colaborador de empresa, a resposta corresponde à soma dos seguintes valores: salário (líquido) + férias com abono + vale-refeição + plano de saúde/dentário + ajudas de custo + PLR/bônus + previdência privada. Isso, quando todos esses elementos estão presentes em sua fórmula de remuneração como funcionário (nem todos têm acesso ao mesmo pacotão).

Talvez seu atual pacote de funcionário não seja ruim e certamente é algo muito seguro, pelo menos enquanto você está empregado. Mas é conveniente comparar esta forma de dar valor ao seu talento com outra via, talvez mais promissora: e se você comercializasse seu talento profissional no mercado através de seu negócio próprio? Pois é, prever seus ganhos futuros como empresário não é algo tão objetivo e por isso muita gente de talento que sonha com o negócio próprio passa anos procrastinando, evitando tomar "a grande decisão", por pura falta de visibilidade financeira para reunir coragem e dar a virada! Com isso, deixa de experimentar ganhos, possivelmente, muito superiores.

Seu futuro. Logo mais à frente nesta seção, faremos alguns interessantes cálculos na ponta do lápis. Desde já, lembre-se apenas de um detalhe: como funcionário, seu limite será a presidência da empresa na qual trabalha (ou em uma concorrente que compre seu passe). Nada mal, mas sabemos que a *pole position* corporativa é para pouquíssimos, trata-se de um caminho incerto, árduo, normalmente longo... e daí não passa. Como empreendedor, quando você já tiver esgotado todas as possibilidades de redirecionar para o seu próprio bolso os lucros de seu trabalho (antes auferidos por seu empregador), sempre haverá a chance de crescer, expandir sua equipe e passar a auferir lucros sobre o trabalho de seus próprios colaboradores. Partindo do pressuposto do sucesso que se espera obter igualmente em uma via ou noutra (funcionário × patrão), esse raciocínio nos indica claramente que apenas uma dessas vias não impõe um rígido limite à valorização crescente do seu talento cada vez mais diferenciado: a via do negócio próprio!

SUAS REAIS MOTIVAÇÕES PARA EMPREENDER

Quais são seus verdadeiros estímulos para virar a chave do negócio próprio? Suas razões são sólidas o suficiente para tomar essa decisão?

Como seu orientador neste importante projeto de vida, não desejo que você se conduza à via do negócio próprio pelos motivos errados. Fazer a coisa certa mas não fazê-la com *sabedoria* é o mesmo que fazer a coisa errada. Já vi muito disso e bem sei que dar esse passo tão importante por razões inadequadas é um tiro que, invariavelmente, sairá pela culatra: você simplesmente não será bem-sucedido... nem feliz! Portanto,

CAPÍTULO 1 | POR QUÊ

recomendo que você busque conhecer-se a si próprio para que possa ponderar com honestidade: quais são, de verdade, seus maiores fatores motivadores para essa virada? Dê uma olhada nos perfis de profissionais logo abaixo: até que ponto você se identifica com um ou mais destes tipos? Se estiver, confortavelmente, distante de qualquer uma destas psiques, pode seguir adiante em sua jornada empreendedora com confiança! Do contrário, volte uma casa...

O chuta baldes. Talvez você esteja cansado da sua empresa, do seu emprego, dos colegas de trabalho, dos clientes ou do seu chefe. Talvez por estar desiludido e farto da sua vida profissional como ela se encontra hoje, você pense em mandar tudo para o espaço, sob a alegação de que vai tentar o projeto de um negócio próprio. Isso é autoengano. Respire fundo. Você anda muito cansado? Então, primeiro, descanse. Se anda muito desiludido, antes de mais nada, acerte os ponteiros com a sua atual vida profissional. Alivie a pressão do momento, e só então se sente com calma para planejar o passo a passo para deixar de ser o talento dos outros. Até porque você ainda não sabe quanto tempo pode levar todo o processo preparatório e, enquanto isso, você terá de viver razoavelmente satisfeito — pelo menos em paz — com sua "velha" vida profissional.

O insubordinável. Tem gente que, assim como eu, não gosta muito de receber ordens. Porém, uma coisa é ser *cabeça feita*, discretamente teimoso; outra é ter uma limitação verdadeiramente crônica no sentido de aceitar a opinião e até mesmo a liderança alheia. Se você não concorda quase nunca em receber instruções sobre como conduzir seu trabalho, se quase sempre acha que teria um jeito melhor de fazer as coisas do que aquele que lhe foi passado por seus superiores, creio que — infelizmente — também terá problemas nesse departamento ao atuar como empresário.

Vou lhe deixar aqui um bordão e gostaria que você o guardasse na memória (será útil no futuro, pode crer): "Quando o assunto é *pressão*, seu cliente é o pior *patrão!*" Sim, mesmo tendo seu próprio negócio, você ainda estará, em boa medida, sujeito às demandas dos seus clientes, e nem todos serão razoáveis. Aliás, hoje em dia, parece que uma parte crescente dos consumidores sofre da síndrome do "estou pagando!". Reconheço que as cobranças dos clientes costumam ser mais objetivas, mais palpáveis e, com frequência, mais razoáveis que as enigmáticas exigências dos superiores do mundo corporativo. Mas quem realmente

43

A VIRADA NA CARREIRA

não está disposto a sujeitar-se a ninguém nesta vida deve procurar abrir um buraco de avestruz, não uma empresa.

O inventor. Gosto de gente criativa. Acho mesmo que o mundo só avança porque há nele uma boa quantidade de gente visionária que está sempre olhando para os problemas da humanidade em busca de soluções inovadoras. Sim: a humanidade precisa dos visionários para evoluir.

Agora... conheço muitos profissionais que reclamam porque simplesmente não conseguem espaço para sua "valorosa criatividade" nas empresas "convencionais demais". O fato é que nem sempre a culpa é exatamente das empresas. A criatividade que vinga hoje em dia (se é que isso já foi diferente em alguma época) é a criatividade *viável*, a inovação *possível*. Como funcionário de uma empresa, se você não consegue emplacar ideias interessantes porque são mirabolantes, saiba que como empreendedor o espaço talvez seja ainda mais limitado, devido à (natural) escassez de recursos que ronda toda empresa nascente. Você, por acaso, tem, hoje, uma excelente ideia viável que ainda não foi apresentada aos consumidores? Melhor ainda: tem um projeto adequadamente planejado e orçado para desenvolvimento e introdução no mercado de sua genial criação *possível*? Nesse caso, é bem provável que você tenha um bom pretexto para se lançar por conta própria como empreendedor criativo.

O hiperambicioso. Então você vê seu diretor chegando de carrão importado zero quilômetro e fica pensando nos muitos anos que levará para alcançar esse patamar. Pior: você pensa nos muitos sapos que terá de engolir até lá e talvez nem assim alcance o topo do Olimpo! Quem sabe você até já tenha conquistado uma posição de destaque no disputado pódio corporativo e, mesmo na condição de gerente ou diretor, fica constrangido quando o dono da empresa chega de helicóptero e pisa no heliporto com as irretocáveis solas de seus caríssimos sapatos Ferragamo. Meu alerta: esse tipo de frustração não se resolve com negócio próprio, mas com terapia, questionando e reposicionando seus valores pessoais.

Nas últimas décadas, pude acompanhar alguns pequenos e médios empreendedores que se moviam, acima de tudo, pela busca do dinheiro, da riqueza material, do poder. Infelizmente, todos esses quebraram a cara. Seja porque não conseguiram a montanha de dinheiro que haviam ambicionado, seja porque, ao conquistá-la, se deram conta de que o preço pago para acumular seu precioso tesouro, simplesmente, não compensara. Vidas arruinadas, lares e amizades desfeitas, tudo em

CAPÍTULO 1 | POR QUÊ

nome do dinheiro! Dinheiro é bom e a gente gosta, a grana é um ingrediente indispensável em qualquer receita de sucesso empreendedor. Só não faça da frenética busca pelo ouro sua principal força motriz para empreender. Procure e você encontrará motivações bem mais sólidas para movê-lo rumo a um patamar de sucesso verdadeiramente gratificante, sustentável, duradouro.

O artesão. Nosso mundo é muito competitivo e ágil. Nele, tudo o que é produzido deve demandar o mínimo de recursos e ficar pronto no prazo mais curto possível. Do contrário, a concorrência pode nos engolir. Por causa desse ritmo frenético, por vezes, alguns detalhes têm de ser sacrificados em função de restrições de prazo e/ou custo. Isso costuma chatear muito o profissional com perfil de artesão, aquele que faz tudo com esmero, com carinho, com preciosismo.

O artesão é o "criador" que pega a lupa e gira sua "criatura" nas mãos de um lado para o outro em busca de imperfeições que irá corrigir, incansavelmente, até se dar por satisfeito, antes de colocar o produto — então impecável — na prateleira. As empresas costumam ter pouco espaço para pessoas com esse perfil (e acredito que isso seja uma pena para a humanidade). Para se firmar como empreendedor de sucesso, fazer *caprichado* será indispensável, mas será igualmente importante fazer *mais rápido* e *mais barato*, ainda que, talvez, sacrificando um pouco o nível de detalhes. O excesso de capricho pode ser contraproducente, algo que o artesão não costuma aceitar... e o cliente dele também não!

O pega leve. A vida no mercado corporativo não é fácil. As jornadas de trabalho são longas, as pressões vêm de todos os lados, as tarefas se acumulam, há dias (às vezes semanas e meses!) que parecem nunca chegar ao fim. Mas cá entre nós: tem gente que não aguenta sequer carregar uma formiga nas costas sem reclamar! Não creio, em absoluto, que esse seja seu perfil, nem poderia ser: se a vida de funcionário pede responsabilidade, a vida de patrão chama responsabilidade *em dobro*! Em seu negócio próprio, por causa da estrutura enxuta, os desafios virão todos *para cima de você*, pelo menos no começo. Sim, você terá o poder de escolher a melhor hora e a melhor forma de fazer as coisas, mas não poderá deixar de entregar o prometido, e isso talvez signifique ter de ir bem além do imaginado em determinados momentos. E como se não bastasse, durante todo o processo você precisará manter a calma, a paciência e o equilíbrio, pois sem essas virtudes o seu negócio não decola.

45

Quem simplesmente quer sombra e água fresca deve procurar uma árvore plantada na beira do riacho, não um negócio próprio.

O gente fina. Há pessoas que não sabem dizer *não*, que não sabem dar ordens, que não sabem ser duras com as outras. Ok, nós costumamos gostar muito de gente assim (os bonzinhos de plantão), mas esse perfil não costuma funcionar muito bem no trabalho em geral. Trabalho é uma atividade que tem a ver com entregar resultados em datas definidas com recursos escassos. Isso costuma requerer que a equipe envolvida seja adequadamente comandada. Para isso, você, que é o dono, terá de passar instruções, dar ordens, apresentar negativas ou repreensões quando necessário — não preciso dizer que com educação e respeito, sempre.

Quem acha que vai conseguir ser mais gente fina na condição de empresário se engana. Inclusive aqueles que não terão funcionários em um primeiro momento. Mesmo trabalhando como único profissional de sua própria empresa, haverá os eventuais fornecedores, os parceiros, os clientes e os fornecedores complementares de seus clientes, com os quais você terá de trabalhar em cooperação. Enfim, um monte de gente envolvida que precisa ser instruída, cobrada, ou mesmo "reenquadrada", se for o caso, ainda que você esteja decidido a pegar o mais leve possível nesse processo. Você, empresário de pulso firme, poderá até ser levianamente taxado, nesses momentos mais duros, como "difícil de lidar", "polêmico" ou "sem jogo de cintura". Apenas faça o que é certo, dispense o resto e durma tranquilo.

O generoso. Há profissionais que simplesmente não se conformam com "o pouco" — para si e para os demais — que a empresa oferece. Assim, imaginam que, na condição de empresários, pagariam salários muito mais altos, tratariam seus colaboradores com muito maior tolerância e lhes dariam benefícios bem mais atraentes. Também proporiam melhores condições para os fornecedores, venderiam muito mais barato para os clientes e ofereceriam mais, muito mais. Ainda por cima, doariam a maior parte de seus lucros aos pobres e necessitados.

Só há um probleminha aqui: provavelmente, não haveria lucros para doar. É possível que não houvesse sequer empresa para gerar empregos. Na economia capitalista, existe um certo equilíbrio de mercado na distribuição dos benefícios dos negócios do qual nenhum pequeno ou médio empresário poderá, isoladamente, tentar se afastar. Se você concorda com o sistema ou não é outra questão. Dá para tentar fazer tudo melhor para as outras partes envolvidas (todas, fora o próprio empresário)? Até dá, mas alerto que não será nada fácil; e talvez não seja viável conceder tudo o que se deseja ao mesmo tempo.

Se este é seu principal fator motivador para empreender, bem cedo você poderá se ver frustrado na condição de empresário. Logo você se encontrará muito mais insatisfeito ainda do que na antiga posição de colaborador, quando, ingenuamente, criticava a "má vontade" de seu atual empregador. Neste quesito, *querer* não é necessariamente *poder*, pelo menos não de maneira irrestrita e de uma hora para outra. Se sua motivação para um negócio próprio é praticamente o complexo de Robin Hood, seu caminho não é o do *business*.

O romântico. Falando em generosidade e dons mais elevados, muitos de nós sonhamos com o mundo ideal. Eu mesmo não deixo de ter meus arroubos utópicos aqui e ali, mas sempre tentando manter os pés no chão. O mundo *ideal* não existe, penso que nunca existirá. Não é só no universo corporativo que há inveja, trapaça, cobiça, preguiça e todos aqueles "defeitos de fábrica" que acometem boa parte dos seres humanos. Atuando como dono de seu próprio negócio, você também poderá ser vítima de todos esses desvios de personalidade, inclusive vindo a vitimar outras pessoas com essa mesquinharia toda, se não andar na linha da boa ética.

Quer um mundo melhor? Faça como eu tento fazer: "brigue" por ele todos os dias! Faça o seu melhor, dê o exemplo, combata o mal que há nos outros e, talvez, em si mesmo. Esquecer-se dessa incômoda realidade poderá atrapalhá-lo muito em sua trajetória como empreendedor. E nos momentos de descontração, se quiser mesmo ser *romântico*, relaxe na poltrona ao som de Roberto Carlos.

COLABORADOR × EMPREENDEDOR: OS GANHOS NA TROCA

O que você poderá ganhar de concreto se decidir explorar seu talento por conta própria e conseguir, de fato, se realizar nesse novo caminho?

Conserve o certo × Conserte o errado. Se você anda insatisfeito com a empresa na qual trabalha, com chefes, colegas ou com a dinâmica das atividades que lhe são propostas no dia a dia, mas gosta do setor no qual atua e sabe que tem (ou poderia ter) um bom desempenho em sua atividade profissional porque possui um talento diferenciado, não seria nada *sábio* jogar tudo pela janela. Na verdade, está na hora de buscar uma nova forma de se inserir no mercado. Ao trocar o modelo de trabalho de colaborador de empresa pelo de profissional empreendedor independente, além de maiores ganhos com o passar do tempo, será possível agregar alguns importantes fatores de qualidade de vida, tanto profissional quanto pessoal, ao mesmo tempo que você continuará fazendo o que já sabe fazer muito bem.

Maior autonomia decisória. Na condição de empresário, mesmo que seja atuando como uma empresa de um só profissional, você, sem dúvida, terá mais espaço para impor sua visão particular de negócios. Como dono — ou pelo menos sócio — você terá maior autonomia para usar sua criatividade e estampar sua personalidade única sobre sua atividade profissional. Talvez como nunca antes em sua carreira, você se sentirá (afinal!) no controle do rumo das coisas. Chega a dar um certo frio na barriga, porque faz crescer muito a responsabilidade, mas essa dinâmica de comando lhe proporcionará um delicioso nível de realização profissional que só quem já experimentou pode descrever. Experimente você também!

Menor burocracia (e "burrocracia"!) corporativa. No universo das grandes empresas convencionais, a quantidade de reuniões, de relatórios e auditorias só perde para a quantidade de dias que são necessários, e a quantidade de pessoas que têm de ser consultadas, para a tomada de qualquer decisão importante. Ufa! Tudo é burocrático, tudo pesa, tudo se arrasta, tudo demora. Atuando por conta própria, você experimentará um novo padrão de agilidade decisória: se acreditar que tem de ser feito, aja! E depois de feito, você terá de prestar contas a quem? Além de reportar-se a seus clientes, apenas deverá satisfações a si mesmo, no máximo a seus sócios. Tudo muito prático, ágil, livre, tudo muito fluido. Para quem gosta de ação, essa é uma dinâmica de trabalho muito gratificante.

Menor pressão improdutiva. Para você, que talvez esteja cansado de ser índio em terra de muitos caciques, vale lembrar que no seu negócio próprio você será cacique e índio ao mesmo tempo (às vezes, até pajé!). Pressões virão, isso é inevitável, porém de fontes bem mais

CAPÍTULO 1 | POR QUÊ

naturais e acatáveis do que no mundo corporativo convencional. Você terá de conviver com a pressão de divulgar para vender, produzir para entregar, economizar para lucrar mais e correr para manter (ou encurtar) os prazos contratados.

Costumo dizer que esta é a *boa pressão*, aquela que faz você querer se superar a cada novo dia, pois tal pressão está calçada em fatores concretos, em boa parte controláveis e superáveis pelo empreendedor. Nada tem a ver com a cobrança a que normalmente se submete um funcionário de uma grande empresa qualquer, muitas vezes ilógica e contraproducente, que emana de um ambiente corporativo sem critérios claramente definidos, excessivamente burocrático e até mesmo sem bases éticas sólidas. A pressão do seu negócio próprio é diferente: quando você a vence, ela sempre deixa um ponto de vitória a seu favor.

Meritocracia como critério. Atuando como funcionário de empresa, sobretudo nas de maior porte, o resultado do seu trabalho pode não ser adequadamente reconhecido. Por ironia, um outro colaborador menos talentoso e/ou dedicado pode acabar levando os louros dos seus esforços. Os critérios de avaliação de performance podem acabar sendo tristemente enviesados por questões subjetivas de preferências pessoais. Com seu negócio próprio, porém, a dinâmica da recompensa é mais direta: trabalhe bem que o retorno vem! Um currículo vistoso não terá mais o mesmo peso, agradar chefes a qualquer custo (até mesmo apelando a meios ilegais ou imorais, como fazem alguns) não será mais importante. Agora, o que irá contar para valer será o valor agregado que você entregará aos clientes através do seu trabalho. Entregou, faturou! E ainda por cima você será indicado para outros clientes.

Quando tiver seu negócio próprio, você verá que não há nada mais prazeroso para o profissional de talento do que ver sua carteira de clientes se ampliar, receber recomendações cruzadas, ser procurado por desconhecidos que já ouviram falar muito bem de você e do que tem a oferecer ao mercado. Sim, a realidade é que há poucos comerciantes, fabricantes ou prestadores de serviços verdadeiramente competentes: se você for de fato um deles — e talento para isso você tem! —, poderá contar com elogios e bons empurrões de sua clientela satisfeita. E isso é algo ainda mais gratificante e valioso que tapinhas nas costas de chefe, que, muitas vezes, não está sequer pensando em promovê-lo.

Seletividade no trabalho executado. No começo, quem está querendo formar uma boa carteira de clientes irá pegar quase qualquer serviço, vender quase qualquer coisa, atender quase qualquer cliente. Mas isso, só na largada: com o tempo, você poderá escolher se concentrar no que mais gosta de fazer, no que faz melhor e, também, naquilo que lhe proporciona maior retorno pessoal, profissional e financeiro. Seu fortalecimento como empresário lhe permitirá ser progressivamente mais seletivo. Você poderá, inclusive — sem nenhum excesso de imodéstia — *escolher seus clientes*, concentrando-se naqueles com quem há potencial para nivelar o relacionamento por cima. Com o tempo você só topará esquemas profissionais que sejam do tipo ganha-ganha.

Maior flexibilidade de agenda. Hoje: ter horário para entrar (sem horário para sair!), estar preso de segunda a sexta (no mínimo) ao endereço do escritório, ter de se deslocar até a fábrica (que fica a quatro horas de carro, ida e volta) para uma reunião de trinta minutos que poderia — você tem certeza disso — perfeitamente ocorrer sem sua presença... Ufa! Essa desgastante dinâmica ficará no passado da vida de ex-funcionário quando você começar a atuar por conta própria. Dependendo do tipo de atividade que for desenvolver, você poderá se levantar um pouquinho mais tarde, se por acaso não estiver tão disposto naquele dia (sem problemas, depois dá para compensar). Em certas ocasiões, senão sempre, poderá ter a conveniência de trabalhar a partir de casa (às vezes de pijama, como eu mesmo ainda faço). Poderá interromper o expediente para buscar a criança na escola, e não precisará pedir permissão para marcar aquela (necessária!) ida ao dentista. Poderá até escapar durante o expediente para comprar o ingresso do teatro sem fila, e ninguém o olhará feio (ou pensará em demiti-lo) por este "grave delito" que denota "falta de profissionalismo".

Trabalhando direitinho de segunda a sexta de manhã, o empreendedor poderá, talvez, enforcar a tarde de sexta (eventualmente a sexta inteira!) e sair antes do trânsito para curtir o final de semana com a família na praia. Será possível ajustar a carga de trabalho a um nível mais razoável, calibrar os horários de início e fim de expediente conforme o ritmo de cada dia, encaixar pequenos compromissos pessoais, fazer rápidas visitas a seus pais ou amigos, encontrar lugar na agenda para a academia, para curtas ausências necessárias e inclusive para suas férias. Talvez não dê para tirar trinta dias corridos, mas tudo somado pode acabar lhe rendendo bem mais de um mês por ano! Esse jeito mais livre, leve e solto de trabalhar será bem mais viável para quem quiser e puder atuar por conta própria.

Um ambiente de trabalho com a sua cara. Respeitada a natural soberania universal dos clientes, em seu negócio próprio quem manda é você! Seu escritório, sua loja ou sua fábrica terá a sua cara: se gosta de amarelo, o amarelo irá predominar e estamos conversados. Não só o visual do ambiente de trabalho terá a sua personalidade quando você passar a atuar por conta própria, mas também o "clima". Se você é quieto, irá puxar uma peculiar serenidade ao seu dia a dia profissional. Se é falante, risonho e brincalhão, terá maior liberdade para falar mais, rir mais e brincar mais no trabalho.

Esta importante dimensão da sua vida chamada *trabalho* terá muito mais a sua cara, será muito mais afeita a suas preferências e seus valores particulares. E quem não prefere um ambiente customizado, em vez da frieza e impessoalidade das baias das grandes empresas? Aliás, o termo *baia* diz muito sobre o ambiente de trabalho nas grandes corporações. Empreendedores independentes podem até trabalhar em casa, mas jamais trabalham em baias. E a versão americanizada *workstation* (estação de trabalho) pode até soar mais bonitinha, porém não muda em nada a desconfortável realidade do confinamento laboral, tão comum no mundo corporativo.

Trabalho garantido e vida longa no mercado. Na condição de *dono* — ou pelo menos *sócio* — você poderá se beneficiar de seu talento profissional por mais tempo, muito mais tempo! Atuando por conta própria, você não terá de interromper sua carreira abruptamente apenas porque a empresa resolveu enxugar o efetivo, porque seu novo chefe não foi com a sua cara ou porque o tempo passou e, mesmo tendo enriquecido muito em experiência, você acabou ficando velho demais (ou caro demais!) para o mercado corporativo.

No mercado de trabalho, cabelos brancos costumam sinalizar obsolescência... e desemprego iminente! No mundo dos negócios, a cabeça grisalha atesta *vivência e experiência*, ingredientes preciosos que, aplicados a uma boa oportunidade de negócio, sempre valerão ouro! Na condição de empreendedor, enquanto você tiver uma oferta competitiva para seus clientes em potencial em termos de bons produtos e bons serviços, com relação custo × benefício verdadeiramente competitiva, pode ficar tranquilo: o mercado absorverá essa oferta diferenciada, aplaudirá... e até pedirá bis!

A NOVA DINÂMICA DE TRABALHO
DO EMPREENDEDOR
Atuando como empreendedor, será que você se adaptará à
nova rotina e ao novo ambiente de trabalho?
Poderá até gostar mais, no final das contas?

De tudo o que já discutimos até aqui, você pode imaginar que seu dia a dia de fato mudará um tanto na condição de empreendedor. A maior parte das mudanças, em minha opinião, poderá ser para melhor, muito melhor. No entanto, neste ponto, quero lhe fazer alguns alertas para que, mais à frente, você não seja pego de surpresa por uma dinâmica e um ambiente de trabalho que simplesmente não atendem às expectativas. Afinal, quem não conseguir extrair realização intrínseca das atividades de *cada dia de trabalho*, curtindo cada dia de atividade, por mais que ganhe muito dinheiro, não poderá se considerar bem-sucedido. Faz parte da *sabedoria* do empreendedor conhecer-se a si mesmo para avaliar se, de fato, a nova vida com seu negócio próprio terá potencial para fazê-lo feliz e realizado de verdade.

Trabalho em equipe × trabalho "solitário". Como funcionário de uma média ou grande empresa você está acostumado a trabalhar como parte de um grupo. Está habituado a ter gente a sua frente, atrás e dos lados, bem como com o eterno burburinho a sua volta e com interrupções frequentes – algumas bem-vindas, outras não. Faz parte do seu cotidiano uma pausa para um café com um colega na lanchonete do prédio ou naquele cantinho reservado do escritório.

No próprio negócio, sua primeira equipe, provavelmente, será bem enxuta, talvez composta de um único membro: você. Daí a rotina será assim: você com você mesmo no *home office*, você com você próprio no carro indo visitar um potencial cliente, você e sua própria pessoa

CAPÍTULO 1 | POR QUÊ

prestando seus serviços no cliente. Em suma: dependendo de como irá atuar, seu trabalho de empreendedor poderá ser mais solitário. Lógico, há clientes para interagir, eventuais fornecedores e parceiros para fazer contato. Mas, com poucas exceções, a quantidade de pessoas com quem você irá interagir durante o dia poderá diminuir substancialmente. Mesmo no caso de abrir uma loja, uma franquia, haverá colaboradores a sua volta, mas cada um estará envolvido em suas atividades. Você, como chefe de todos, poderá ser acometido de uma certa "solidão no poder", a menos que tenha sócios para trocar figurinhas. Então, eu lhe pergunto: tudo bem para você essa mudança? Em sua opinião, restringir o círculo próximo de relacionamentos no trabalho é bom ou ruim? Vale ponderar.

Trabalho segmentado × pau para toda obra. Na empresa em que hoje você trabalha como colaborador, além do *seu* trabalho, às vezes, você acaba fazendo também o trabalho do colega que faltou, o de quem está sobrecarregado ou é apenas folgado e o de quem está de férias. Pois bem. Acontece que no negócio próprio, pelo menos no início, não existe isso de "o seu" trabalho. Há trabalho para ser feito, e ponto! Isso é sinônimo de dizer que *todo* o trabalho é *seu*, o que talvez envolva atividades inusitadas. Cuidar da compra de suprimentos de escritório, parafusar uma cadeira, levar a impressora para a assistência técnica, atender ao telefone, abrir a porta e — pasme — até mesmo dar uma limpadinha no vaso do banheiro do escritório e passar pano úmido no chão. Muitos costumam menosprezar o suporte corporativo que recebem em seu ambiente de trabalho e só se dão conta de sua importância quando, ao se tornarem donos do próprio nariz, veem-se sem esse precioso apoio. Nada que um curto período de adaptação não resolva, é claro. Mas é bom ter em mente esse lado da coisa também.

Cartão de ponto × liberdade de horário. Até mesmo uma mudança que parece claramente positiva, pelo menos para mim, tem de ser bem pensada pelo candidato a empresário: a inédita flexibilidade para fazer seus próprios horários. Em princípio, a liberdade para traçar sua rotina, conciliando o lado profissional com o pessoal, lhe parecerá algo maravilhoso. Porém, logo virá a pressão do lado profissional, exigindo mais "porque os clientes estão pedindo", bem como a pressão do lado pessoal, querendo mais, "já que agora você não tem chefe, poxa!"

Essa história pode se tornar confusa e sua produtividade no trabalho acabará caindo. O antídoto é um mínimo de autodisciplina: você a tem? Pode desenvolvê-la? Seria possível, de certa forma, "forjar" uma rotina como empreendedor, "forçar-se" a seguir determinados horários de começo e fim, tudo no sentido de dar ritmo ao seu trabalho por conta própria? Como empreendedor, você jamais estará tão próximo de mandar no próprio destino, mas será conveniente ter alguns critérios bem estabelecidos (para si mesmo, para sua família e seus amigos), de quando dirá *não* para demandas pessoais. Paralelamente, também serão necessários alguns limites para seus clientes, pois alguns se acharão no direito de contatá-lo no momento em que desejarem, como se você tivesse a obrigação de estar 24 horas no ar.

Renda certa × ganhos variáveis. Eis aqui um ponto nevrálgico da transição de *colaborador* para *empreendedor*, algo tão delicado que será tratado nos mínimos detalhes no próximo capítulo: seus ganhos mensais. Como funcionário, todo dia 5 tem dinheiro certo na sua conta (talvez com um vale para o dia 20). Se você trabalha em uma empresa séria isso é 100% previsível e 100% confiável.

E como empresário? O que irá rolar em termos de ganho$? No começo, nada (ou quase isso). Depois de algum tempo, alguma coisa. Mais à frente, no equilíbrio, um bom dinheiro, embora, talvez, com entradas irregulares e meio imprevisíveis. Já no médio e longo prazos... seguramente, muito mais grana! Percebe aí um certo crescente para o seu bolso que vai do "muito ruim" ao "excelente"? No entanto, enquanto a coisa segue seu próprio ritmo, como você há de encarar esse processo? Como pretende se preparar para viver durante a lenta engorda das vaquinhas magras? Por enquanto, mantenha essa preocupação em mente, até que cheguemos logo mais a algumas propostas bem concretas que tenho a lhe fazer.

Mudança no *status quo*. Por fim, algo bem subjetivo, mas que pode (ou não) mexer com você: a opinião das pessoas próximas sobre esta "curiosa" mudança em sua vida profissional. Algo assim: "Puxa! Fulano foi deixar aquele baita emprego naquela grande multinacional para atuar por conta?! Hum... acho que essa história está mal contada. Vai ver foi mandando embora e, para não passar vergonha enquanto busca uma recolocação, inventou essa de negócio próprio!" Sim, já ouvi esse tipo de comentário mesquinho ou coisa parecida mais de uma vez

CAPÍTULO 1 | POR QUÊ

nos projetos de empreendedores que assessorei. Em princípio, nem todos aprovarão a troca de um bom emprego, seguro e estável, pelo caminho — no início sempre incerto e meio sofrido — de empreendedor.

Minha recomendação aqui: não faça caso disso. Converse direito com seu cônjuge, com pais, filhos e amigos mais próximos. Explique em detalhes a essas pessoas mais chegadas e amadas tudo o que puder sobre suas intenções, seus planos e suas perspectivas. Lembre-se: cada conversa dessas será uma "venda", um momento de "convencimento", tanto próprio quanto alheio. Ouça e respeite opiniões divergentes, porque estão sendo colocadas por gente que quer o seu bem (muito embora, às vezes, para nos "proteger", algumas pessoas queridas se disponham até a nos atrapalhar). Por fim, não desista da decisão de empreender se para você ela ainda fizer sentido. É possível que o chamem de teimoso. Se isso acontecer, mantenha a calma e diga que você está bem e em paz com sua escolha, ainda que um pouco tenso com os novos desafios, o que é perfeitamente natural. Com o tempo, seus queridos perceberão em seu semblante — e na sua vida como um todo — as vantagens dessa troca.

E quanto aos demais? Ora, nenhum deles dorme com você ou paga suas contas, certo? Então, ignore. E pode esperar: quando você finalmente se consolidar como um empresário de sucesso, alguns dos antigos críticos da primeira hora haverão de lhe procurar em busca de "oportunidades" (ou para pedir dinheiro emprestado, mesmo!). É... o mundo dá voltas!

CAPÍTULO 2 | QUANDO

A HORA DE VIRAR A CHAVE: CORAGEM DOSADA COM PACIÊNCIA!

Qual é o momento mais indicado para se despedir de vez da vida de funcionário e então detonar seu projeto empreendedor?

Avante! "Vem, vamos embora que esperar não é *saber*. Quem *sabe* faz a hora, não espera acontecer!" Este motivante chamamento histórico traduz o que penso sobre a hora certa de se fazer as coisas nesta vida. Especialmente as decisões de grande impacto, como deixar de ser funcionário e se tornar empresário, pedem muita *sabedoria*. Somente com uma boa dose dela em mãos você poderá conscientemente determinar a hora, *a boa hora* de dizer adeus a seu atual emprego. Nem antes, nem depois. Sem procrastinar, nem se precipitar.

Vamos, então, tomar a *sabedoria* como critério para encontrar o melhor momento de ativar seu projeto de negócio próprio. Se você já tiver claro em mente *por que* fazer, o *quando* fazer dependerá de um conjunto de fatores combinados:

CAPÍTULO 2 | QUANDO

- a correta visualização da sua *oportunidade* de negócio;
- a disponibilidade dos principais *recursos* necessários;
- a correta organização do *trabalho* a ser feito para deslanchar o negócio;
- a busca da *estrutura* adequada para poder fazer tudo benfeito.

Trataremos de todos estes fatores mais à frente. Mas aqui cabe um duplo alerta: não espere reunir as condições *perfeitas* quanto a cada um destes quesitos para agir, pois tal momento pode jamais chegar. Por outro lado, se você falhar em conduzir uma preparação adequada, se acabar permitindo que um dos elos dessa corrente fique frágil demais, correrá o sério risco de ver seu projeto naufragar. *Coragem* dosada com *paciência* é o que indica a sabedoria.

Bangue-bangue! É verdade que decisões de grande vulto talvez requeiram uma ligeira dose de impetuosidade, como faísca para a ignição da grande virada. E a virada da carreira de colaborador para a vida de empresário não é diferente, requer certo ímpeto. No entanto, caubói, virar o copo de uísque de uma vez para criar coragem e puxar o gatilho só será verdadeiramente indicado tendo a *sabedoria* como pano de fundo, depois de haver praticado com paciência a pontaria, limpado bem o caniço, checado a alça de mira e enchido com todo o cuidado o tambor com os projéteis. Daí, sim, será apontar para o alvo e dar um tiro certeiro: bingo!

Ponto nevrálgico. De tudo o que podemos imaginar que deve ser pesado na balança para se tomar a grande decisão de empresariar, eu bem sei, baseado em minha vivência como orientador de empreendedores, que a questão mais delicada é: o que acontecerá com seus *ganhos mensais*? É bem natural que essa seja sua principal preocupação, e o candidato a empreendedor que não a revelar estará mostrando irresponsabilidade, não destemor. Afinal, suponho que você não seja exatamente rico, e sabemos que, da classe social dos ricos para baixo (onde nos incluímos quase todos), precisamos trabalhar um pouco a cada mês, para ganhar um pouco a cada mês, pagar nossas contas e assim tocar a vida.

Você, que provavelmente trabalha hoje como assalariado, deve reconhecer que está (mal) acostumado com a dinâmica de receber aquele valor fixo todo mês, em data(s) conhecida(s), faça chuva, faça sol. Como ficará isso? É inegável que essa dinâmica mudará muito na troca. A renda do empresário, provavelmente, seguirá o desenho de uma curva que começa em um ponto baixo (talvez bem abaixo do que você gostaria) e vai se acelerando progressivamente rumo a um ponto jamais imaginado (e disso você há de gostar)! Por esse motivo, vamos, agora, nos deter especificamente nesse aspecto, que chamo de "troca de bolsos", para otimisticamente *confirmar* (ou prudentemente *eliminar*) o momento presente como sendo o mais indicado para se lançar a seu próprio negócio.

A NOVA DINÂMICA DE GANHOS DO EMPREENDEDOR

A troca da posição de empregado pela de empresário terá reais chances de ser vantajosa do ponto de vista financeiro? Como isso se dará?

Onde pega. Trocar de empresa e de posição até que é fácil: "Eu era gerente da empresa × e agora sou dono/sócio da empresa Y." Mas e trocar o bolso de funcionário pela carteira de patrão? A *curtíssimo prazo* essa troca pode parecer bem desanimadora: você migrará da situação de assalariado com 100% de segurança de recebimento mensal daqueles 100% do valor contratado (mais benefícios!) para a posição de *investidor de risco*, com grande insegurança de *quando* irá receber e, inclusive, do *quanto* poderá levar para casa. Talvez, aliás, tenha de conviver uns bons meses com renda zero (ou perto disso). Quase como se estivesse desempregado, com a diferença de que estará trabalhando em dobro para fazer sua empresa vingar.

Antevendo essa "tenebrosa" situação, muitos aspirantes a empresário acabam desistindo da ideia quase no minuto em que ela lhes ocorre. E, assim, jamais dão o grande passo da virada, optando por permanecer na perigosa zona de conforto do emprego "garantido"... até o dia em que descobrem que seu emprego não está mais lá! Quer saber? É melhor mesmo que seja assim: quem se concentra somente nas perspectivas de curtíssimo prazo simplesmente não é visionário o suficiente para ambicionar atuar como empreendedor.

Quem não arrisca... Não estou dizendo que se deva romanticamente ignorar esta questão da renda minguada e lançar-se nu aos leões; nada disso. Existem boas técnicas de planejamento financeiro (e vamos estudá-las aqui) que permitem preparar-se para esta situação passageira. Sim, a renda zero ou renda achatada é uma situação *transitória* e *administrável*. Passados os primeiros tempos do negócio, rumando já para o médio prazo e conquistando certa estabilidade, não é nada difícil conseguir que as rendas se igualem. Se o seu projeto de negócio for bem planejado e executado de forma competente, não tardará muito até que você possa extrair de sua própria empresa uma renda pelo menos compatível com a que tinha anteriormente, e o que é melhor: gozando de todas aquelas outras enormes vantagens não precificáveis — mas de grande valor! — sobre as quais já pude discorrer aqui.

No futuro... Mudando a perspectiva do curtíssimo prazo para os anos mais à frente, vão-se as incertezas e ficam apenas algumas (quase absolutas) certezas: no negócio próprio, o lucro do seu trabalho irá direto para você. Se tiver funcionários, o lucro do trabalho deles virá para você também (se você irá então partilhar com eles, como aliás sempre recomendo, já é uma outra história que veremos adiante). Sua renda mensal não estará limitada à hierarquia da empresa e ao fato de ser um colaborador. Suas possibilidades de ganhos dependerão apenas do quão dinâmico e ágil seu negócio será para dominar o mercado.

Outra vantagem de se virar a chave do seu projeto empreendedor: aquele infame tipo de desemprego justificado como "ajustes na estrutura" jamais ameaçará sua renda. Muitos pequenos negócios vão à falência, é verdade, mas por puro despreparo do empreendedor, e esse, certamente, não será seu caso. Mais um potencial ganho financeiro com a troca: a tradicional "caducidade corporativa", que aposenta precocemente profissionais de meia-idade muito experientes e ainda cheios de energia, não sacrificará sua renda, poupada da extinção por sua natural condição de empresário. Projetando ainda mais a longo prazo, vale lembrar que um bom negócio, desde que esteja redondinho, conforme a orientação que vou lhe fornecer, é um precioso ativo que poderá ser negociado no mercado *quando você quiser* finalmente se aposentar (uma boa "empresinha" já vale uma nota gorda!). Muitos e muitos anos à frente, quando, enfim, você decidir abrir mão do comando, sua empresa também poderá ser legada às próximas gerações e assim prover trabalho e renda para filhos, sobrinhos e netos, garantindo a prosperidade e a realização dos sonhos da sua família estendida por várias décadas.

No entanto, tudo isso só virá se, primeiro, você estiver preparado de maneira adequada para superar o desafio temporário de uma renda mensal que, no início, provavelmente, será achatada e incerta. Aliás, você sabe mesmo o quanto ganha de fato hoje? Pois isso é justamente o quanto perderá na largada. Então vamos colocar tudo na ponta do lápis!

COLABORADOR × EMPREENDEDOR: A TROCA DE BOLSOS

Quantos cifrões você perderá se deixar de trabalhar como funcionário? Qual o mínimo que precisará tirar do negócio próprio para compensar?

Ganha quanto? Qual o valor líquido que consta em seu contracheque todo mês? Qual é seu atual salário, livre dos descontos aplicáveis, na condição de funcionário registrado da empresa para a qual trabalha? Pois bem, esse valor indica o quanto você, a princípio, perderá quando deixar seu atual emprego e passar para a condição de empreendedor, trabalhando através de sua própria pessoa jurídica. Mas sejamos justos: este número isolado não traduz com precisão tudo o que você recebe, em média, ao longo dos meses, da empresa para a qual hoje exerce sua função como colaborador com registro na carteira de trabalho. Pode ser mais, bem mais, aliás. Além do salário-base, há possíveis benefícios adicionais, alguns obrigatórios por lei e outros opcionais, mas muito comuns nas grandes empresas, que também se traduzem como dinheiro a mais no seu bolso. Esse é um dinheiro que será igualmente perdido na virada; portanto, é bom calculá-lo com responsabilidade.

Na ponta do lápis. Vamos imaginar o caso de um trabalhador com salário líquido de R$ 10 mil. Se o seu salário atual estiver muito abaixo ou acima desse patamar, esclareço que o raciocínio que apresentarei a seguir se manterá válido para qualquer faixa salarial, basta utilizar a mesma estrutura de cálculo e refazer as contas para se adequarem a sua realidade numérica particular. A moral da história não mudará. Vamos, então, computar o conjunto dos ganhos que vão além do salário-base, projetar todos eles numa base anual, somar tudo e dividir por 12 meses,

CAPÍTULO 2 | QUANDO

para então obter o valor médio de seus verdadeiros ganhos mensais. Essa, sim, será a quantia mensal da qual você abrirá mão como funcionário registrado, devendo, então, passar a ser a sua meta de retirada mensal de sua empresa.

Salário líquido:	R$ 10 mil × 12 meses = R$ 120 mil/ano;
Ajuda de custo:	R$ 400 × 12 meses = R$ 4.800/ano;
13° salário:	R$ 10 mil/ano;
Abono de $1/3$ de férias:	R$ 3.333 (as férias, em si, estão nos 12 meses);
Vale-refeição:	R$ 300/mês × 12 meses = R$ 3.600/ano;
Plano de saúde:	R$ 800/mês × 12 = R$ 9.600/ano;
PLR/bônus:	R$ 5 mil/ano (50% de um salário mensal);
Previdência:	R$ 400/mês × 12 meses = R$ 4.800/ano
Total:	R$ 161.133 mil / 12 meses = R$ 13.427,75/ mês, em média

Ganhos do funcionário. Como fica claro, para um salário-base líquido de R$ 10 mil, o ganho mensal efetivo, corrigido com todos os benefícios adicionais, passa para R$ 13.427,75, revelando-se, na prática, cerca de 1/3 maior que o original. Assim, você acaba de calcular, de forma mais realista, o quanto, de fato, ganha, em média, em um típico mês atuando como funcionário. Esta quantia corresponde ao valor efetivo que você recebe em termos de poder de compra, na troca de seu talento pelo emprego, de acordo com este modelo tradicional de venda de seu talento diferenciado no mercado.

Retiradas do terceiro. Agora você deverá batalhar para, atuando com sua empresa, poder realizar retiradas mensais próximas a esse valor (isto é, caso se dedique em tempo integral ao negócio, como fazia enquanto colaborador de empresa). Esse ganho justo pelo trabalho empenhado em seu negócio próprio será sua meta mínima, o valor que você deverá, incansavelmente, perseguir como empresário para se considerar, ao menos, de bolso empatado na nova condição. Em tempo: não somei aqui o FGTS porque, sim, é um dinheiro seu, mas um dinheiro que é descontado dos seus recebimentos e fica lá na Caixa Econômica Federal mofando, "rendendo" à base de TR+3% ao ano, inclusive perdendo (feio!) da inflação oficial. Também não incluí o INSS pois também implica num desconto do salário, de um lado, quando sabemos que o retorno é tão pouco compensador, de outro.

Lucro. Atingir esse objetivo pode demorar alguns meses, talvez um ou dois anos, até mesmo *três anos*, na pior das hipóteses, se a velocidade de retorno do ramo escolhido for menor. Mas você não deve, em absoluto, estacionar suas expectativas de ganhos por aí, senão essa troca não fará muito sentido do ponto de vista estritamente financeiro. Afinal, ao dar a grande virada de funcionário para empresário você lançou seu talento diferenciado aos ventos do mercado, empreendeu, deu duro, correu riscos e superou dificuldades. Portanto, tem o *direito* — para não dizer o *dever* — de auferir *lucro*! Do contrário, você não terá montado um negócio, apenas terá "comprado um emprego" para si próprio, mas com todos os desafios adicionais que um empresário costuma ter. Porém, fique tranquilo: na parte IV deste livro irei ajudá-lo a se transformar em um verdadeiro craque em perseguir e maximizar o lucro potencial de seu negócio!

A troca. Há uma situação hoje bastante comum no mercado de trabalho, que é a troca da posição de funcionário pela de pessoa jurídica terceirizada, fornecedora da mesma empresa, situação muitas vezes motivada pelo interesse da própria contratante, que deseja relações de trabalho mais flexíveis. Daí o funcionário raciocina assim (ou alguém da empresa que está sugerindo a troca lhe expõe o seguinte raciocínio): como pessoa jurídica, basta emitir uma nota fiscal de valor igual ao salário líquido e assim ficarão elas por elas, ou seja, nem ganho nem perda com relação à situação anterior. Resulta, então, que o valor mensal do contrato de sua pessoa jurídica com esta empresa acaba sendo o atual valor do salário líquido, apenas. Mas proceder assim é inadequado em dois sentidos:

- como acabamos de apurar, o salário efetivo é cerca de 1/3 maior que o salário líquido do mês; e
- o valor da nota fiscal que você emitirá para a empresa contratante (seu antigo empregador) sofrerá uma severa redução, pois

CAPÍTULO 2 | QUANDO

você terá, no mínimo, de pagar impostos e contador, o que já somará, arredondando, cerca de 20% do valor da nota, no caso de uma típica pessoa jurídica prestadora de serviços.

Na ponta do lápis. Então, se for mesmo para trocar seis por meia dúzia, o cálculo terá de ser bem outro. Vamos seguir com aquele exemplo do profissional que tem hoje salário líquido de R$ 10 mil. Corrigindo isso para transformar-se em salário efetivo, considerando ganhos diretos e indiretos com os benefícios legais e os facultativos mais comuns, adicionaremos cerca de 1/3 ou R$ 3.500 (acréscimo arredondado de 35%), e saltaremos para R$ 13.500. Acrescentaremos, em seguida, 20% a esse valor, ou R$ 2.700, para poder cobrir os custos da nota (impostos e contador), e podemos observar que o valor final resulta em R$ 16.200.

Regra prática. Assim, chegamos ao número que viabiliza a troca elas por elas: se for para deixar a posição de funcionário pela de prestador de serviços terceirizado com sua própria pessoa jurídica e, se quiser mesmo ganhar o mesmo valor, em termos líquidos, no final das contas, peça cerca de 60% a mais para figurar como valor do contrato de prestação de serviços, ou seja, como valor da nota fiscal mensal que terá de emitir para a empresa contratante (para o mesmo tipo e volume de trabalho).

A contratante aceitará essa conta? Tudo é uma questão de negociação, mas creio que há bons motivos para tentar. Por causa dos benefícios e encargos trabalhistas, um funcionário costuma custar pelo menos 60% a mais para a empresa do que o valor de seu salário *bruto*. E ainda há as eventuais verbas rescisórias, devidas pela empresa quando o funcionário é dispensado (como, por exemplo, multa de 40%, com adicional de 10%, sobre os depósitos realizados no FGTS do trabalhador, para o caso de demissão sem justa causa). Se, na hipótese da terceirização, estiverem lhe pagando 60% a mais somente sobre o líquido, temos uma clara indicação de que esta troca já será financeiramente vantajosa para a contratante e você não ficará no prejuízo financeiro. A mudança pode ser lucrativa para ambas as partes.

O CAPITAL DE *SUSTENTAÇÃO* DO EMPREENDEDOR: SUA PROTEÇÃO

Como planejar-se financeiramente para poder encarar com serenidade a renda temporariamente achatada na largada do projeto empreendedor?

Papel e caneta! Para poder enfrentar os primeiros passos de seu projeto empreendedor com tranquilidade financeira, o aspirante a empresário de sucesso terá de planejar com muito cuidado seu bolso para se adaptar à realidade da falta temporária de renda, seja total ou parcial. Matematicamente falando, não é difícil tipificar (e buscar soluções para) o problema da troca da renda *cheia e segura* do colaborador de empresa pela renda *parcial e incerta* do empreendedor em fase de lançamento e estabilização.

Orçamento. Agora que você já apurou corretamente o quanto (em termos líquidos e em média) ganhava por mês na condição de funcionário, uma pergunta: você vinha gastando tudo isso? Na maior parte dos últimos meses, enquanto estava empregado, sobrou ou faltou dinheiro no seu orçamento pessoal e familiar? Se você andava no aperto financeiro havia meses, tinha já passado da hora de colocar ordem no orçamento familiar! Acredite: tornar-se empresário não irá resolver seus problemas de desorganização financeira. Muito pelo contrário; você corre o risco de acabar transferindo seus "padrões de desordem" no trato com o bolso da pessoa física para o caixa da pessoa jurídica, assim, tornando generalizada a confusão financeira em sua vida. Se você ainda não sabe planejar e controlar seu orçamento pessoal e familiar de maneira adequada, leia, primeiro, um bom livro de finanças pessoais (há excelentes obras de minha própria autoria e de outros competentes colegas estudiosos da área).

Capital de sustentação pessoal do empreendedor. Digamos, então, que, fazendo um bom planejamento de orçamento, você consiga identificar o quanto precisará em média todos os meses para *manter* seu atual padrão de vida na virada para o negócio próprio, como seria o desejável. Apurar esse número com responsabilidade será indispensável, porque, em seguida, você terá de se preparar para suprir essa grana a si próprio durante o lançamento e a estabilização do seu negócio, enquanto a própria empresa ainda não suportar retiradas desse porte. Isso só será possível com um planejamento correto para acumular exatamente a reserva financeira estratégica que irá bancá-lo

CAPÍTULO 2 | QUANDO

enquanto seu negócio não se consolidar por completo: o *capital de sustentação pessoal do empreendedor*.

Na ponta do lápis! Para dimensionar essa reserva, elabore uma estimativa realista de quanto poderá tirar do seu negócio em média por mês. Parta naturalmente do zero, porque não é justo receber nada para si enquanto o próprio negócio nem bem consegue cobrir suas contas. Depois, projete uma retirada parcial a partir do ponto de equilíbrio financeiro do negócio, quando as receitas finalmente empatarão com as despesas. A partir daí, à medida que as receitas forem crescendo e o caixa da empresa for tomando fôlego, vá fazendo crescer este valor de saque até atingir o ponto no qual você poderá fazer a retirada pró-labore plena destes R$ 10 mil almejados.

Você deve ser bem realista aqui, deve ajustar estes números partindo das estimativas de faturamento e despesas que deverá projetar para seu negócio, ou seja, deve prever as retiradas pró-labore de maneira responsável, partindo do *fluxo de caixa planejado* para o negócio (mais informações sobre isso no Capítulo 8). Imaginemos uma empresa aberta em um ramo de maturação mais acelerada, como uma consultoria de serviços especializados de um profissional muito experiente e bem relacionado, que já deixa seu antigo emprego com uma atraente carteira inicial de clientes e, portanto, não terá dificuldade de vender e faturar rapidinho. Pense, então, que este negócio conseguirá atingir seu ponto de equilíbrio financeiro (entradas = saídas) já no sexto mês e, a partir daí, poderá começar a lhe pagar *algum* pró-labore. Conforme suas projeções, a retirada poderá começar no sétimo mês de vida da empresa e será inicialmente parcial, no valor de R$ 2,5 mil (25% ou ¼ da sua meta de R$ 10 mil), mas crescendo progressivamente até lhe prover os R$ 10 mil plenos (100% da meta) a partir do 31º mês após a abertura das portas:

1º ao 6º mês: renda zero (faltarão R$ 10 mil/mês ou R$ 60 mil/semestre I)

7º ao 12º mês: R$ 2,5 mil (faltarão R$ 7,5 mil/mês ou R$ 45 mil/semestre II)

13º ao 18º mês: R$ 5 mil (faltarão R$ 5 mil/mês ou R$ 30 mil/semestre III)

19º ao 24º mês: R$ 7 mil (faltarão R$ 3 mil/mês ou R$ 18 mil/semestre IV)

25º ao 30º mês: R$ 8 mil (faltarão R$ 2 mil/mês ou R$ 12 mil/semestre V)

31º ao 36º mês: R$ 10 mil de retirada (não faltará nada no semestre VI)

A VIRADA NA CARREIRA

Somando os valores que faltarão para a meta de R$ 10 mil, ou seja, os valores que *não* poderão ser retirados do negócio porque ele ainda não comportará, obteremos o total necessário para complementar a renda do empresário enquanto a meta de 100% do pró-labore desejado não for batida:

1º **semestre**: R$ 60 mil
+ 2º **semestre**: R$ 45 mil
+ 3º **semestre**: R$ 30 mil
+ 4º **semestre**: R$ 18 mil
+ 5º **semestre**: R$ 12 mil
+ 6º **semestre**: R$ 0

- - - - - - - - - - - - - - - - - -

Total: R$ 165 mil

Esta soma de R$ 165 mil passa a ser sua melhor estimativa para o *capital de sustentação pessoal do empreendedor*. Adicione aí uma margem de segurança de 20%: R$ 165 mil + 20% (R$ 33 mil) = R$ 198 mil. Praticamente R$ 200 mil serão, nesse exemplo, o respaldo financeiro *particular* que o empreendedor deverá ter, um dinheiro necessário para prover o padrão de vida desejado com tranquilidade a si e sua família enquanto seu negócio vai se consolidando. Note que não estamos aqui tratando do capital necessário para montar e bancar a *empresa* em si. Pelo contrário: esses R$ 200 mil são uma reserva que deverá estar unicamente à disposição da *família* do empreendedor para seu exclusivo usufruto. Esse dinheiro não deve se confundir com tudo o mais que terá de ser investido no próprio negócio (seja para inaugurá-lo, seja para levá-lo ao seu ponto de equilíbrio, seja para futuramente expandi-lo). E note que se trata de uma soma considerável, é verdade. Mesmo que seu bolso esteja numa faixa muito abaixo ou acima do exemplo fornecido, apurando criteriosamente o seu número particular você sempre identificará a necessidade de dispor de uma boa grana.

Paciência. Jamais tome a decisão de iniciar um negócio próprio se não tiver a certeza de que dispõe dessa reserva, para evitar fazer saques

CAPÍTULO 2 | QUANDO

precipitados do caixa do negócio. Como diz um querido amigo meu, fazendeiro experiente: "Em bezerra nova não se pode querer mamar!" Se você iniciar seu negócio e logo quiser extrair dele uma renda importante, por mais que isso seja justificado em função de necessidades pessoais prementes, poderá acabar sacrificando (e até matando!) o promissor "franguinho dos ovos de ouro". Estou cansado de ver isto acontecer com oportunidades de negócios até que bem promissoras, mas que foram colhidas precipitadamente, ainda verdes. Se ao menos lhes tivesse sido dado o tempo correto para amadurecer, teriam produzido frutos de boa qualidade financeira, no período certo.

Enxugandooo! Então você utiliza toda essa estrutura de cálculos para chegar ao capital de sustentação do empreendedor dimensionado de forma responsável para sua realidade particular, mas... chega à conclusão de que é grana demais! Ok, pode haver aqui um atenuante. Em minha opinião, a troca funcionário × empresário é uma mudança de grande valor em sua vida e que, portanto, compensará que você e sua família se sacrifiquem um tanto no curto prazo para poderem dar esse passo tão importante rumo a sua prosperidade no médio e no longo prazos. Como fazer isso? Planejando um providencial enxugamento de bom senso no orçamento familiar que assim poderá se manter enxuto (e mais fácil de arcar) durante o lançamento e a estabilização do seu negócio.

PLANEJANDO-SE PARA PERMANECER ENXUTO NOS PRIMEIROS TEMPOS

Como manter as despesas pessoais leves enquanto o empreendedor trabalha pelo lançamento, estabilização e consolidação de seu negócio?

Uma coisa é fato: quanto maior a reserva que tiver de ser separada para compor o capital de sustentação pessoal do empreendedor, menos dinheiro sobrará para injetar no negócio em si. Convenhamos: é justamente sua *empresa* que deveria receber maior prioridade neste momento de transição da vida de funcionário para a de empresário. Assim, recomendo ao candidato a empreendedor de sucesso, junto com sua família,

67

que promova o mais rápido possível uma completa limpeza no orçamento familiar, preparando-o para os próximos tempos de vacas magras. Esse esforço requer determinação, paciência, disciplina e uma certa dose de sacrifício, todos eles, aliás, ingredientes indispensáveis em qualquer receita empreendedora de sucesso. Você sabe: será por uma boa causa!

Economia ao pé da letra. Uma técnica simples e que pode ser bastante útil para realizar este planejamento é o método ABCD de enxugamento dos gastos familiares. Por esse método, a família começa fazendo um levantamento detalhado de todos os seus gastos mensais atuais, classificando cada um deles (um por um) em uma de quatro possíveis categorias:

A (Alimentar)
B (Básico)
C (Contornável)
D (Desperdício)

Gastos tipo D. Os gastos classificados como D (Desperdício) devem ser eliminados imediatamente. Na realidade, eles nem deveriam mais fazer parte do orçamento familiar, mesmo antes de surgir o projeto do negócio próprio e a necessidade concreta de economizar para se conservar leve na largada. E por um motivo simples: estes gastos levam embora o dinheiro e não trazem qualidade de vida em troca (ou têm retorno quase nulo). A mensalidade do clube recreativo que praticamente não se frequenta. O pacote caro da TV a cabo que inclui vários canais aos quais quase nunca se assiste. A empregada doméstica com faxineira duas vezes por semana e mais gastos com lavanderia para cuidar da roupa. Todas essas despesas — e tantas outras! — são candidatas a eliminação ou, no mínimo, a um bom enxugamento.

Gastos tipo A e B. Já os gastos dos tipos A (Alimentares) e B (Básicos), embora também devam, sem dúvida, passar por um enxugamento, não podem ser simplesmente suspensos. É importante conservar um certo realismo: mesmo quando a renda é nula, dada a natureza essencial destas despesas para a satisfação das necessidades elementares da sua família, elas simplesmente não poderão desaparecer. Sendo assim, é melhor enxergar corretamente o quanto custam e se preparar para ter a grana mês após mês para bancar um nível mínimo satisfatório

CAPÍTULO 2 | QUANDO

de cada um deles. Exemplo: alimentos comprados no supermercado, na feira e no açougue, ou gastos com saúde e higiene, as contas de consumo em geral (água, luz, gás etc.), o aluguel ou a prestação do financiamento do apartamento, a mensalidade da escola dos filhos, e outras simplesmente indispensáveis.

Gastos tipo C. Muito se pode fazer com relação aos gastos do tipo C (Contornáveis), que serão prioritariamente convocados pelo planejamento financeiro para darem sua parcela de contribuição ao projeto empreendedor da família. Estes gastos são aqueles que vocês, a princípio, desejam ter, porque lhes proporcionam um padrão diferenciado de qualidade de vida, trazendo conforto, gerando bem-estar e felicidade. Exemplo: assinatura de TV a cabo (dos canais a que verdadeiramente se assiste), restaurantes e refeições fora do lar, viagens de lazer e, talvez, até mesmo cursos complementares para os filhos (de esportes, de música e de idiomas). Quais desses gastos serão provisoriamente suspensos (parcial ou completamente) dependerá do aprofundamento que se queira dar ao enxugamento do orçamento familiar.

Esforço provisório. Em condições normais, ninguém desejaria abrir mão dos gastos tipo C. No entanto, já que eles não estão relacionados com a sobrevivência digna dos membros da família, enquanto o negócio não atingir seu equilíbrio e puder suportar retiradas mais expressivas, todos devem buscar contornar tais despesas, evitando-as no todo ou em parte. É reconfortante saber que assim que o negócio estiver fortalecido as retiradas poderão ser maiores e tais gastos poderão ser retomados, talvez até em nível mais elevado e robusto, reforçando o teor de qualidade de vida por detrás de cada um deles. Afinal, dinheiro foi feito para gastar e nos fazer viver bem: empresários de sucesso consolidado conseguem de fato ter mais para poder gastar e viver melhor.

Na ponta do lápis! Retomando o exemplo que trouxemos na questão anterior, vamos imaginar que, adotando o replanejamento do orçamento familiar por este método ABCD (ou por qualquer outro que consiga produzir enxugamentos criteriosos e expressivos), seja possível trazer a necessidade de renda mensal daqueles anteriores R$ 10 mil mensais para R$ 7 mil, com uma redução de 30%. Acredite-me: buscando enxugamentos inteligentes, cortando a gordura sem cortar a carne, será possível conseguir esta providencial compactação dos gastos mensais da família empreendedora.

69

Que impacto essa redução terá em termos de uma diminuição da reserva necessária para o capital de sustentação pessoal do empreendedor? Vamos colocar isso na ponta do lápis:

1º ao 6º mês: renda zero (faltarão R$ 7 mil/mês ou R$ 42 mil/semestre I)

7º ao 12º mês: R$ 2,5 mil (faltarão R$ 4,5 mil/mês ou R$ 27 mil/semestre II)

13º ao 18º mês: R$ 5 mil (faltarão R$ 2 mil/mês ou R$ 12 mil/semestre III)

19º ao 24º mês: R$ 7 mil (não faltará nada)

Nesse novo patamar mais tolerante de necessidade mensal para bancar os gastos pessoais do empreendedor (30% mais baixo), supondo exatamente a mesma dinâmica da situação anterior em termos de evolução das possibilidades financeiras do negócio, somamos então os valores que faltarão para complementar a renda necessária do empresário:

1º semestre: R$ 42 mil

+ **2º semestre**: R$ 27 mil

+ **3º semestre**: R$ 12 mil

+ **4º semestre**: R$ 0

Total: R$ 81 mil

(apenas 49% dos R$ 165 mil antes necessários!)

Surpresa! Veja só que interessante: um esforço de redução de "apenas" 30% no orçamento pessoal e familiar do empreendedor permitiu uma redução de mais de 50% na necessidade de composição do capital de sustentação pessoal do empreendedor, foram ganhos dois semestres ou um ano inteirinho para o projeto! E então: não vale muito a pena fazer esse esforço? Os números comprovam que sim! Pois é... as finanças podem revelar surpresas agradáveis para o empresário que souber andar com a ponta de seu lápis sempre bem afiadinha!

CAPÍTULO 2 | QUANDO

UMA DESPEDIDA HONROSA... E POTENCIALMENTE LUCRATIVA!
Que cuidados tomar no momento de se desligar de seu atual emprego?

Não cuspa no prato em que comeu! Se você está hoje empregado, como é mais provável, obviamente terá de pedir demissão para tocar o próprio negócio. Sim, há casos em que é possível detonar seu projeto empreendedor paralelamente a seu atual emprego, mas isto é menos comum e mais difícil do que parece (discutiremos a respeito mais à frente). Como regra, para empreender são necessárias dedicação integral e envolvimento total, o que implica desligar-se definitivamente do cargo que você ocupa na atual empresa empregadora.

Sua situação presente pode ser das mais diversas, mas vamos buscar nos planejar para o pior caso: as coisas não estão bem. Daí minha recomendação é: antes de pedir demissão, tente trazer seu relacionamento no trabalho ao melhor nível possível dos últimos tempos. Quando enfim tomar a decisão de desligar-se, antes de efetivamente anunciá-la, passe a trabalhar com todas as forças como se seu único objetivo fosse salvar seu atual emprego. Apenas quando atingir um certo patamar de estabilidade trate deste "delicado assunto" com seu chefe. Sei que minha orientação pode lhe parecer de contrassenso, mas há aqui um propósito: fazer com que sua saída seja, ao menos um pouco, *sentida*. E não há nada de meramente psicológico nessa estratégia suave para a interrupção de sua carreira corporativa. Não é uma questão de "fazer doce". Pense, isso sim, nas potenciais vantagens práticas.

Sair pela porta da frente, inclusive deixá-la estrategicamente aberta, só há de lhe fazer bem. Claro, você irá se sentir legal, com uma sensação de dignidade e dever cumprido, e isso conta ponto para sua consciência e seu moral. Além disso, saindo na boa, você poderá receber recomendações favoráveis para seu novo negócio, advindas dos antigos chefes e colegas de trabalho. Quem sabe poderá até ganhar um contrato de fornecimento de seu antigo empregador! Já vi gente entrar na sala do chefe para pedir demissão e sair de lá com uma proposta para assumir, na condição de pessoa jurídica, a terceirização do serviço que antes fazia como funcionário... e até algo a mais!

No limite, saindo tranquilo, pelo menos você não eliminará a possibilidade de um dia voltar a procurar a mesma empresa ou as mesmas pessoas em busca de uma nova oportunidade de trabalho, caso seu projeto empreendedor não emplaque desta vez. Isso é improvável, mas não seria sensato riscar de vez tal possibilidade do seu cardápio profissional. Afinal, o mundo dá voltas.

Fique! Ao sentar-se com o chefe, eis uma coisa curiosa que pode lhe acontecer: ao pedir desligamento, seu chefe poderá lhe propor um aumento, uma promoção. Muita calma nesta hora: não é por causa de um novo título ou de algarismos a mais no salário que você irá deixar de tomar a decisão de empreender. No entanto, se, por acaso, enxergar que a nova posição e as novas responsabilidades podem enriquecer ainda mais sua experiência rumo ao negócio próprio, ou mesmo se achar que a grana extra que entrará nos próximos meses poderá ajudá-lo a se capitalizar de forma mais robusta... ora, por que não dar uma esticadinha aí? Apenas sugiro que não deixe dormente seu sonho de empreender, mantenha-o em constante ebulição, e só tope continuar na empresa por mais um tempo se isto lhe permitir jogar ainda mais lenha em sua fogueira empreendedora.

Atenção, companheiro! Se você trabalha como funcionário registrado em carteira, pelo regime da Consolidação das Leis do Trabalho (CLT), peça para ser desligado da empresa em vez de desligar-se dela (caso haja o mínimo de espaço para tal solicitação de sua parte). Isso lhe permitirá dar entrada no pedido de seguro-desemprego. Do ponto de vista técnico, durante a fase pré-operacional de seu negócio, nos próximos meses você poderá ser considerado um desempregado e, portanto, terá direito a esta pequena ajuda de custo do governo. Agora, ainda mais importante: se for formalmente mandado embora, você poderá solicitar o resgate imediato do valor acumulado em seu Fundo de Garantia por Tempo de Serviço (FGTS). Isso referente ao período de trabalho exercido nesse emprego, inclusive recebendo multa adicional de 40% sobre os depósitos do período em que esteve na empresa. Talvez seu empregador não curta a ideia, mas se você puder fazer esse acordo, valerá a pena, mesmo que seja com o compromisso de devolver o todo (ou parte) da multa a seu atual empregador.

Em tempo: nada de dar uma de mané pedindo demissão poucos meses antes da distribuição de Participação nos Lucros e Resultados (PLR) ou da gratificação de algum bônus, se houver boas chances de consegui-lo. Aquela sua colega do RH ou do Financeiro poderá, talvez,

CAPÍTULO 2 | QUANDO

cantar essa bola para você. E por fim, se lhe derem bilhete-azul antes de você chutar para o alto o seu emprego, comemore: há males que vêm para o bem, e esse pode ser o sinal que faltava para a grande virada!

VAMOS FATURAR!

Agora você já está seguro de *por que* deve dar seus primeiros passos rumo ao negócio próprio? Crê mesmo que já chegou o seu *quando* e o momento é agora? Parabéns! Você já pode dizer que tem em mãos **SABEDORIA** suficiente para tocar seu projeto empreendedor com grande êxito. Então, segure firme seu **TALENTO** em suas mãos e vamos nos aprofundar no próximo elemento vital rumo ao **SUCESSO**: a **OPORTUNI-DADE** para fazer negócio, ou seja, *o que* e *como* fazer tudo o que deve ser feito para garantir a vitória! E boa **S.O.R.T.E.** para você!

S.O.R.T.E. NOS NEGÓCIOS | PARTE II

Oportunidade:
o que + como

S.O.R.T.E. NOS NEGÓCIOS | PARTE II

OPORTUNIDADE: O QUÊ + COMO

OPORTUNIDADE: O QUE E COMO EMPREENDER
Você já sabe *o que* pretende fazer, ou seja, qual negócio irá empreender? Já enxerga com clareza como se organizar para garantir seu sucesso?

CAPÍTULO 3 | O QUÊ

A MELHOR OPORTUNIDADE DE NEGÓCIO PARA VOCÊ
Como identificar precisamente o seu nicho de atuação no mercado? Em qual oportunidade seu talento pode ser explorado da melhor forma?

OPORTUNIDADES DE NEGÓCIOS: OS GRANDES RAMOS DO MERCADO
Em que segmentos é possível um empreendedor estreante se aventurar com boas chances de sucesso e perspectivas de ganhos atraentes?

Consultoria, Assessoria e Suporte
Alimentação
Cosméticos, Beleza e Bem-estar
Construção e Artigos para o Lar e o Escritório
Educação Livre e Profissionalizante
Entretenimento e Lazer
Limpeza e Manutenção Predial
Roupas e Acessórios

CAPÍTULO 4 | COMO

MONTAR UM NEGÓCIO INDEPENDENTE × COMPRAR UMA FRANQUIA

Como identificar se o melhor formato para empreender é estruturar um negócio independente ou adquirir uma franquia?

O MMN — MARKETING MULTINÍVEL × AS PIRÂMIDES FINANCEIRAS

Quando a grana é pouca ou o tempo é escasso, vale optar por um sistema de marketing multinível? Mas... e a ameaça das pirâmides financeiras?

SEU PROJETO EMPREENDEDOR: AS FASES EVOLUTIVAS DO NEGÓCIO

Como você pode esperar que seu projeto empreendedor se desenrole? Qual será a dinâmica própria de cada fase evolutiva do seu negócio?

Fase I: Aprendizado e Planejamento Estratégico
Fase II: Planejamento Tático e Montagem
Fase III: Abertura e Lançamento
Fase IV: Primeiros Tempos e Aperfeiçoamento
Fase V: Rumo ao Ponto de Equilíbrio Financeiro
Fase VI: Consolidação e Expansão

S.O.R.T.E. NOS NEGÓCIOS | PARTE II

OPORTUNIDADE:
O QUÊ + COMO

OPORTUNIDADE: O QUE E COMO EMPREENDER
Você já sabe *o que* pretende fazer, ou seja, qual negócio irá empreender? Já enxerga com clareza como se organizar para garantir seu sucesso?

Oportunidade empreendedora. Escolher um negócio específico, traçar um plano realista e tocá-lo diligentemente a partir daí até o lucro sustentável. Definir *o que* fazer em seu projeto empreendedor e *como* fazê-lo. Pode estar aí a diferença entre o sucesso e o fracasso. Oportunidades de negócios existem aos montes, boas e ruins, e você terá a responsabilidade de *selecionar uma única*. Pelo menos, uma de cada vez, mesmo que porventura você venha a se tornar um empreendedor em série. Para dar conta desse duro desafio de selecionamento do melhor negócio *para você*, de um lado, será necessário focar na essência do seu talento diferenciado. De outro, você terá de conhecer e considerar os diferentes ramos, nichos e formatos específicos que o grande mercado empresarial brasileiro tem a oferecer. Um mar de escolhas... que deverá resultar em um único tiro... e bem certeiro! Até para não ficar queimando cartucho quando mal se tem uma bala inteira na agulha.

Oportunidade: *o que* **empreender?** Serviços, comércio ou indústria? Em que ramo? Como encontrar o seu nicho particular em um dos grandes ramos? Consultoria, alimentação, cosméticos e beleza, bem-estar e saúde, construção e artigos para o lar e escritório, educação livre e profissionalizante, entretenimento e lazer, limpeza e manutenção predial, roupas e acessórios, ou ainda outro segmento? As ofertas são tantas que é impossível imaginar que não existam, pelo menos, umas *cinco* excelentes possibilidades para você escolher, com muita calma e responsabilidade, e a partir daí explorar todo o potencial da "eleita"!

Oportunidade: *como* empreender? Qual o melhor formato para atuar por conta própria: um negócio independente, uma franquia ou um sistema de marketing multinível? E você já parou para pensar nas fases evolutivas pelas quais seu negócio próprio certamente passará (todos eles passam pelo mesmo calvário)? Você já está se planejando de forma adequada, desde a largada, enxergando longe e se preparando para superar os desafios próprios de cada uma destas fases? Já sabe *como* irá fazer o que deve ser feito, tudo na sequência mais adequada, sem meter os pés pelas mãos e matar sua oportunidade? Qualquer projeto empreendedor começa pela fase do aprendizado e planejamento, precisamente onde estamos agora. Depois, vem a fase da preparação, montagem e pré-lançamento de sua empresa. Em seguida, a abertura, a inauguração e o lançamento do negócio no mercado. Daí, portas abertas, começa a etapa do esforço de estabilização da empresa, talvez a fase mais angustiante para o empreendedor (sobretudo quando mal planejada), rumando então para a tão sonhada consolidação e eventual expansão do negócio.

VAMOS FATURAR!

Se você já está suficientemente seguro com relação a *o que* fazer em seu projeto empreendedor e se já se planejou devidamente para saber *como* deve fazer tudo o que tem de ser feito, talvez possa dispensar a leitura desta seção do livro. Do contrário, recomendo que colha nas próximas páginas boas orientações para amadurecer sua decisão de se estabelecer por conta própria, concentrando seu **TALENTO** na melhor **OPORTUNIDADE** que estiver ao seu alcance, e assim aumentar tremendamente suas chances de obter **SUCESSO**! E boa **S.O.R.T.E.** para você!

CAPÍTULO 3 | O QUÊ

A MELHOR OPORTUNIDADE DE NEGÓCIO PARA VOCÊ
Como identificar precisamente o seu nicho de atuação no mercado? Em qual oportunidade seu talento pode ser explorado da melhor forma?

Uma "casa" para seu talento. Em qualquer projeto empreendedor, definir qual é o melhor negócio é uma decisão absolutamente crítica. E tensa. Mas pode (e deve!) ser um desafio enfrentado com um tanto de objetividade. Para começar, pense em algo que você *goste* de fazer, porque a *paixão* pela atividade será fundamental para lhe dar prazer em seu dia a dia e para segurar seu ânimo nos momentos mais difíceis. Também convém dar preferência a um ramo cuja dinâmica de trabalho você já *conheça*, no qual já adquiriu a qualificação necessária para se sentir seguro no desempenho da atividade. Conhecer bem o ramo é imprescindível; se já o conhece, você tem meio caminho andado. Ajuda muito, ainda, que seja uma área na qual você tenha *experiência* acumulada, porque daí o caminho das pedras não será um mistério completo a ser desvendado. Enfim, utilize seu **TALENTO** como peneira ao escolher seu negócio próprio, uma vez que *paixão*, *formação* e *atuação* são as principais fontes do *talento diferenciado* que você irá transformar em ouro através de sua atuação como empreendedor.

A VIRADA NA CARREIRA

Money-money-money! A tendência, até muito natural, é o candidato a empreendedor procurar uma oportunidade de negócio que "dê para fazer com o dinheiro que se tem", ou algo que simplesmente... "dê dinheiro". Não pense muito em grana nesse momento: nem na grana que você vai precisar para montar o negócio e fazê-lo funcionar, nem em quanto dinheiro sua empresa poderá lhe render. Não tenho dúvida de que o *dinheiro* seja uma dimensão importantíssima em qualquer projeto empreendedor, mas ele entrará nesta receita de sucesso na hora e na dose certas. Focar no dinheiro agora pode afastar você da escolha mais acertada *no conjunto*, aquela que, inclusive, lhe dará um bom dinheiro, mas como *consequência* do acerto! Antes disso, vale a pena pensar fora da caixinha e até mesmo dar uma viajada, pois é ciscando aqui e ali que o negócio certo virá ao seu encontro, pode crer.

OPORTUNIDADES DE NEGÓCIOS: OS GRANDES RAMOS

Em que segmentos é possível um empreendedor estreante se aventurar com boas chances de sucesso e perspectivas de ganhos atraentes?

Como de costume. É muito provável que sua chance seja maior no setor em que você tradicionalmente vem atuando. Afinal, você já conhece um bom tanto desse segmento e já deu tempo de odiá-lo (e largá-lo de vez!) ou de amá-lo (apesar dos pesares!), inclusive a ponto de querer empreender no setor. Agora, se for mesmo para dar uma guinada para outro lado e respirar novos ares, que seja pelo menos para outro setor no qual você consiga visualizar que poderá aproveitar o melhor de *quem você é*, desenvolvendo uma atividade bem ajustada para sua *personalidade* única.

Bom para quem? Você não deveria pensar em abrir uma corretora de seguros se não gosta de se locomover pela cidade, se não tem paciência para esclarecer detalhes a um possível cliente que está negociando uma nova apólice com você e se não tem autocontrole para dar atenção a um cliente muito tenso que acaba de se envolver em um sinistro e está, inclusive, solicitando sua presença no local. Para alguém que prefere trabalhar quase sempre no mesmo endereço, com uma rotina mais

CAPÍTULO 3 | O QUÊ

sistemática e bem definida, mais voltada da porta para dentro, uma pequena fábrica de doces artesanais (na realidade, qualquer pequena indústria), por exemplo, será um negócio mais indicado.

Seu nicho. Partindo do ramo em que imaginou atuar, busque um nicho diferenciado, uma brecha que pode ser bem explorada, conforme sua particular visão do mercado. Nessa hora, converse com amigos e parentes para colher ideias, leia muito, mas, essencialmente, confie no seu faro empreendedor. Não precisa ser algo exclusivo (aliás, ainda existe isso no mercado?) ou absolutamente inovador (reinventar a roda é para poucos!), mas procure selecionar uma *oportunidade* concretamente atraente. Esta oportunidade deve se apresentar associada a um baixo nível de *ameaças* do mercado. Procure encontrar um *formato* específico de negócio que aproveite seus *pontos fortes* como profissional (eles são sua grande força!) e que não seja cronicamente limitado por seus *pontos fracos* (e todos nós os temos!).

A sua cara? Você não vai querer abrir um estacionamento e lava-rápido (embora possa ser uma ótima *oportunidade*!) em um imóvel alugado numa região que está se verticalizando muito rapidamente (uma perigosa *ameaça*!). Daí o proprietário do terreno o vende para uma incorporadora e o seu maravilhoso negócio terá data marcada para morrer. Também não deve pensar nesse nicho de negócio se, apesar de gostar muito de carros, de limpeza e de manutenção (*pontos fortes* para turbinar seu empreendimento), você tiver consciência de que não tem a paciência necessária para treinar e coordenar funcionários (*ponto fraco*!), ainda mais considerando o baixo nível médio de escolarização e qualificação dos colaboradores que você provavelmente recrutaria para essa atividade.

Assim, vamos analisar alguns setores bastante procurados pelos empreendedores, nos concentrando nos principais formatos de negócios nestes setores, procurando identificar suas oportunidades e suas ameaças.

Consultoria, Assessoria e Suporte

Serviços prestados pelos seus neurônios. Gente com experiência profissional diferenciada e/ou conhecimentos técnicos avançados sempre encontrará seu espaço no mundo dos negócios. Normalmente, atuarão como profissional-empresa, aquele modelo enxutinho de pessoa

83

A VIRADA NA CARREIRA

jurídica de um único indivíduo que presta serviços com alto valor agregado para seus clientes. Atuar por conta própria, atendendo um ou mais contratantes (que costumam ser ex-empregadores ou fornecedores de ex-empregadores) é uma via muito natural para profissionais com vários anos de janela em seu setor, bom currículo e boa carteira de contatos. Em geral, trata-se de gente que se cansou da rotina corporativa, da elevada carga e da pressão de trabalho excessiva nas grandes companhias, mas que gosta muito do que faz e é muito boa nisso!

Principais formatos. Na *consultoria* pura e "simples" (entenda que simples mesmo nunca é), o profissional atua fornecendo pareceres e orientações aos executivos da empresa contratante, para que eles mesmos tomem suas decisões do que deve ser feito e cuidem da implementação dos planos de ação da empresa. O consultor (puro) não participa da execução dos projetos de seus clientes, embora possa atuar na análise do processo, buscando formas de otimizá-lo, seja do ponto de vista financeiro, dos métodos produtivos, da segurança no trabalho, da tecnologia envolvida, enfim, o que for a especialidade profissional do consultor em questão. Se passar a atuar também como *assessor*, esse profissional estará, inclusive, participando de pelo menos algumas fases da execução das tarefas da contratante, desenvolvendo pontualmente alguns papéis que funcionários e executivos normalmente tocariam, podendo fazer isso no ambiente da própria empresa ou de forma remota, a partir de um *home office*, já que os meios virtuais de troca de informações estão hoje muito evoluídos. Caso venha a ser contratado para dar *suporte* ao processo, o profissional ficará permanentemente encarregado de determinadas fases do processo maior da empresa, respondendo pelas ações necessárias e reportando-se diretamente à contratante pelos resultados produzidos, quase exatamente com o vínculo de subordinação que um funcionário teria, mas, em geral, não em período integral e muito menos com exclusividade na prestação de seus serviços.

Oportunidades. Quando nos referimos a estes profissionais, normalmente, nos referimos a funcionários que passaram a ser muito caros para que uma única empresa possa contratá-los com exclusividade, em tempo integral, mas ainda são muito valorizados (e procurados!) por sua competência destacada. Não importa a área técnica de especialização deste perfil de profissional — há uma infinidade de nichos e subnichos e

CAPÍTULO 3 | O QUÊ

todos eles têm a mesma essência a oferecer: serviços especializados baseados em sua *inteligência profissional diferenciada*, um tipo de talento um tanto raro que só profissionais maduros costumam ter e que as boas empresas costumam cobiçar. As avançadas formas eletrônicas de trocas de informações de hoje em dia facilitam muito a vida desse tipo de profissional, evitando deslocamentos desnecessários, disponibilizando assim mais tempo para a vida particular. Uma oportunidade de trabalhar melhor e também viver melhor.

Ameaças. Vender algo abstrato como inteligência pode ser desafiador. Precificar *expertise* não é nada fácil, pela falta de parâmetros objetivos de custo (é "só" seu tempo) e de agregação de valor (quanto seu cliente ganhará com sua ajuda?). Normalmente, o modelo para a venda da inteligência desse tipo de profissional é o de comercialização de horas avulsas sob demanda, *pacotes de horas* por períodos determinando ou *projetos fechados* até a conclusão de determinada etapa (veremos isso em detalhes mais à frente). Em alguns casos, esse profissional atua em *pool*, juntamente com outros profissionais complementares que trabalhem com a mesma dinâmica. A concorrência existe, sempre existirá, e o profissional em questão terá de ser muito bom em *marketing pessoal* para mostrar seu valor verdadeiramente diferenciado. Como estamos tratando aqui da categoria "especialista" (independente de o grau de especialização ser altíssimo ou apenas elevado), dar aulas e palestras, escrever artigos e livros, até mesmo abastecer um blog de respeito pode ajudar bastante. Será uma forma útil e agregadora de preencher de modo produtivo o tempo entre um cliente e outro.

Alimentação

"De comida todos precisam!" Este é o argumento usado por quem deseja ressaltar a natural atratividade do amplo segmento de negócios voltado para a alimentação. A impressão que se pode ter é de que este gigantesco setor já está completamente saturado, tamanha a oferta existente, tanto em quantidade de estabelecimentos quanto em variedade de comidas oferecidas. Parece que no universo dos negócios culinários tudo já foi criado e não cabe mais nada de convencional, talvez nem mesmo inovações consigam encontrar tanto espaço assim. Engana-se quem pensa dessa forma: onde a oferta é muita... é porque a demanda é firme e forte! E esse é bem o caso dos negócios de alimentação.

Principais formatos. A variedade é tanta que não será fácil escolher entre as várias oportunidades de negócios na área: restaurantes tradicionais e *fast foods* de culinária variada, cozinha étnica ou temática, pizzarias, cantinas, churrascarias, lanchonetes, *food trucks*, choperias, cervejarias e bares com vasto cardápio de bebidas, lanches e petiscos, pastelarias, hamburguerias, docerias, sorveterias, iogurterias, cafés, chocolaterias, comidas para festas (pizzas, crepes, churrascos, espetinhos, lanches, salgados, docinhos e bolos), empórios, mercados, lojas de produtos alimentícios naturais, produtos da fazenda, orgânicos, vegetarianos e congelados. Em qualquer caso, mesmo que não estejamos falando de fábricas de produtos alimentícios, os negócios de alimentação sempre envolvem um bom tanto de produção, no mínimo, uma manipulação intensa de ingredientes variados. É raro um negócio de comida que apenas compra produtos 100% prontos e os revende.

Mesmo na hipótese de conceitos inovadores, como a onda das paleterias mexicanas ou dos *food trucks*, todos esses modelos que citamos já estão basicamente consagrados junto ao grande público consumidor de alimentação. Um negócio com boa relação custo-benefício para os clientes nesse setor sempre terá seu lugar ao sol: esse grande mercado pode até ser bastante competitivo, é verdade, mas conta sempre com uma demanda perene de excelente nível.

Oportunidades. De uns trinta anos para cá, observamos no Brasil a massificação da onda de *fast food*, focando na alimentação prática e rápida fora de casa, em pequenos restaurantes de boca de rua ou em praças de alimentação de grandes centros de compra, ou ainda no formato *delivery*, com a conveniência de se receber comida fresquinha e apetitosa em sua casa ou local de trabalho. Como o mercado de alimentação como um todo cresceu com o aumento da renda das famílias, o *fast food* acabou não roubando espaço do tradicional *slow food* (o serviço convencional dos restaurantes à *la carte*), e veio para ficar. A partir daí, novas ondas foram surgindo no setor, a maior parte motivada por movimentos da mesma natureza nos Estados Unidos, e por isso com nomes de batismo na língua inglesa.

Dessa onda derivou o *junk food*, aquela parte do *fast food* que explora receitas muito saborosas, porém calóricas e de baixo valor nutritivo. Como reação, já há mais de dez anos, observamos a onda *healthy food*, uma resposta natural, destacando aquele tipo de alimentação que, mesmo sendo prática e ágil, deve ser também nutritiva e saudável. Então vieram os restaurantes de *foodtainement*, que unem comida boa com lazer e entretenimento, em ambientes descolados e acolhedores, acoplando áreas *kids* para receber os pequenos com muita brincadeira, enquanto liberam papais e mamães para curtirem seu momento *relax* com amigos. As casas que aderiram a essa onda trazem ambientes aconchegantes, caprichados na decoração e algumas até recebem requintes temáticos. Enfim, são ambientes feitos para ninguém querer sair rápido, prolongando a estadia pós-refeição com sobremesas elaboradas, vinhos, bebidas e cafés especiais. E aí já adentramos a mais recente onda de *gourmet food*, com a valorização de ingredientes diferenciados, combinações de sabores inusitadas e verdadeiras "obras de arte culinárias", normalmente assinadas por chefs famosos, alguns dos quais até povoam as telas da TV e as revistas de celebridades.

Ameaças. Nem tudo são flores neste promissor setor de negócios. Produzir e comercializar comida requer dedicação intensa, levantar-se bem cedo para fazer compras de ingredientes frescos para o dia, dormir tarde para fechar o estabelecimento com todo o trabalho de higienização e acondicionamento de sobras. Em alguns casos, do ponto de vista da sua vida pessoal, esqueça os finais de semana! Por isso mesmo, empreendedores do ramo, normalmente, se revezam com sócios, mas sociedades não são fáceis de se tocar com harmonia... Acertar o gosto da clientela, cada vez mais exigente, também não é algo trivial.

A natural perecibilidade dos ingredientes *in natura* pode gerar grandes perdas, se não for adequadamente gerenciada. Porém, isto nem sempre é fácil, dadas as rigorosas leis de vigilância sanitária, que obrigam o descarte de alimentos já preparados (doar as sobras não é permitido). A disponibilidade dos ingredientes necessários para as receitas da casa pode ser um problema, mesmo nos grandes centros urbanos, tão bem abastecidos como costumam ser. Há a questão da sazonalidade, que muitas vezes faz faltar e encarecer este ou aquele ingrediente importante. E tem, também, o recente fenômeno da inflação dos alimentos, que encarece o segundo principal item de custo dos negócios de alimentação, vindo somente depois dos custos da mão de obra. Aliás, por falar em pessoal... fica cada vez mais difícil encontrar bons cozinheiros, ajudantes de cozinha e garçons, elementos que precisam receber muito treinamento, ter polidez e gostar de gente, para que seu restaurante ofereça um atendimento cortês, atencioso e diferenciado.

Cosméticos, Beleza e Bem-estar

Autoestima e saúde à flor da pele. Nas últimas duas décadas, o setor de cosméticos, beleza e bem-estar no Brasil veio crescendo a uma taxa anual de no mínimo 10%. O Brasil ocupa hoje a terceira posição no ranking mundial de consumo de produtos de beleza, perdendo apenas para os EUA e a União Europeia. Aliás, é destes dois gigantes que vêm algumas das boas oportunidades empreendedoras disponíveis neste ramo em terras verde-amarelas. Este é um setor que oferece muitas oportunidades de marketing multinível, no qual o empreendedor poderá ter resultados interessantes mesmo investindo baixo capital financeiro.

Principais formatos. O setor é extremamente prolífico em marcas e abordagens de marketing, mas os formatos não são tão variados assim. O empreendedor poderá escolher entre montar uma loja física ou quiosque (em rua, shopping, academia ou hotel) ou mesmo uma loja virtual, comercializando cosméticos, produtos para maquiagem, cabelo e perfumaria, além de complementos vitamínicos e nutricionais, alimentos energéticos e da linha natural, sem aditivos ou agrotóxicos. Há também a oferta de equipamentos para uso doméstico ou profissional nas áreas de *wellness* e *fitness*.

Talvez você pense em abrir um centro de estética com salão de atendimento próprio e/ou oferecer serviços de estética corporal e facial com atendimento em domicílio. As tradicionais clínicas de emagrecimento e massagens, bem como as academias de ginástica e esportes em formatos diversos, com oficinas de RPG e pilates, ainda têm seu espaço. *Personal trainers*, com seu atendimento totalmente customizado ao cliente, continuam com demanda garantida junto ao público de renda mais elevada.

No ramo da estética tem crescido muito o subsetor de depilação tradicional, fotodepilação e micropigmentação para calvície, sobrancelhas e estrias. Uma clínica de podologia, um salão de cabeleireiro ou de manicure e pedicure continuam sendo opções válidas, mesmo considerando a oferta já bastante grande no mercado (mas a demanda também

CAPÍTULO 3 | O QUÊ

é intensa). Até um estúdio de tatuagem está valendo (se for de seu gosto estético). E também há as franquias de distribuição de cosméticos e produtos afins, que pedem um capital maior, porém trabalham com margens de lucro muito interessantes.

Oportunidades × Ameaças. O crescimento da renda das classes D e E, com o surgimento da nova classe média, foi certamente a grande força motriz do setor de beleza no país na última década. A tendência de consumo desse tipo de produto nas classes emergentes é algo que veio para ficar. Porém, a recente crise econômica que se instalou a partir de 2015 comprometeu severamente a renda das famílias. Uma vez que os produtos de beleza não se encaixam como gênero de primeira necessidade, a tendência é que as vendas do setor sofram com o achatamento do poder de compra da população. No meio dessa "briga" no mercado, sempre haverá espaço para a oferta de marcas com produtos e serviços de relação custo-benefício competitiva para os consumidores.

Construção e Artigos para o Lar e o Escritório

Para morar e trabalhar melhor. O segmento de casa, escritório e construção fatura mais de R$ 6 bilhões por ano no Brasil. Já existem alguns bons milhares de negócios estabelecidos nesse ramo em nosso país, mas a demanda tem sido crescente com a progressiva urbanização das cidades.

Principais formatos. Naturalmente, aqui temos as lojas de produtos diversos para o lar, desde mobiliário, decoração, quadros e molduras, colchões, cama, mesa e banho, até reformas e construção, com acabamentos, esquadrias, boxes, vidros e afins. Também há muita demanda para serviços especializados de decoração e arquitetura de interiores pela alta classe média brasileira. Alarmes, portões elétricos e equipamentos de segurança para casas e prédios sempre terão demanda garantida, seja por novas instalações, seja por manutenção corretiva e até mesmo preventiva. Aliás, serviços de reformas, pequenas obras, pintura e limpeza de fachadas, bem como jardinagem, conservação e manutenção predial em geral são bastante demandados por administradoras de condomínios e até mesmo por famílias em suas residências particulares. Imobiliárias sempre serão uma opção tradicional, embora, atualmente, bastante afetadas pela desaceleração recente do mercado imobiliário após uma década de grande explosão nas vendas.

Oportunidades × Ameaças. O crescimento da renda do brasileiro na última década, com a consequente revalorização do espaço residencial como um local seguro, bem equipado e confortável, certamente, explica boa parte da evolução do segmento nos últimos anos. Com o achatamento do poder de compra do brasileiro a partir da crise econômica de 2015, volta com força a onda do *faça você mesmo*. Talvez os negócios de imobiliárias e artigos para decoração do lar sofram um pouco mais, mas lojas de equipamentos e materiais de construção certamente se beneficiarão dessa tendência. Agora, é importante lembrar que uma interessante força para esse setor é a onda de financiamentos imobiliários. Quando as pessoas adquirem a casa própria, normalmente, partem para a reforma e redecoração do imóvel, ou, no caso do imóvel novinho em folha, irão equipá-lo e decorá-lo. Como a recente crise financeira afetou demais o setor da construção civil e ao menos um pouco também os financiamentos imobiliários, o impacto já está sendo sentido em termos de uma discreta desaceleração no setor de casa e construção por esta ponta.

Educação Livre e Profissionalizante

A era do conhecimento. Há muito se diz que o problema do brasileiro é a falta de educação. E continua sendo. Como o Estado não resolveu satisfatoriamente a questão do gargalo educacional, coube às instituições particulares aproveitar a demanda educacional gerada pela recente onda de migração de 40 milhões de brasileiros da classe baixa para a classe média na última década, com seus anseios de evolução e ascensão, tanto social quanto profissional.

Principais formatos. Na última década proliferaram as escolas particulares, as faculdades e mesmo as escolas de cursos profissionalizantes. Cursos de idiomas e informática sempre serão campeões do setor, mas os cursos preparatórios para vestibulares e concursos públicos também cresceram muito. Autoescolas são um formato clássico do segmento, mas também há iniciativas mais arrojadas e inovadoras, como centros de *coaching* pessoal e *business coaching* para pequenas e médias empresas. Montar uma faculdade não é desafio para qualquer tamanho de bolso, mas já existem franquias relativamente acessíveis nesse subsetor.

Oportunidades × Ameaças. A deficiência de formação e qualificação profissional do brasileiro ainda é grande, mas a tendência começou a se reverter nos últimos anos, com o surgimento de ótimas oportunidades para empreendedores de todos os portes financeiros nesse setor. O brasileiro preocupado com sua qualificação profissional já entende que, se quiser educação de bom nível, terá de pagar por educação particular, e tem renda disponível para isso. Mas o crescimento do desemprego a partir de 2015, com interrupção na geração de renda de muitos milhões de profissionais, tem promovido um aumento na inadimplência e o trancamento de matrículas de cursos de longa duração, bem como o adiamento de projetos educativos pessoais de curta ou média duração. No entanto, a maior preocupação de busca por atividades profissionais que proporcionem estabilidade econômica tem privilegiado os cursos preparatórios para concursos públicos.

Entretenimento e Lazer

Curtindo a vida adoidado! O mercado de festas e eventos cresceu muito com a expansão da renda do brasileiro e o enorme crescimento da classe média na última década. O setor já movimenta mais de R$ 200 bilhões por ano e corresponde a quase 5% do PIB nacional. Esse mercado é hoje, no seu conjunto, cinco vezes maior do que há dez anos.

Principais formatos. O setor de entretenimento e lazer abriga, por exemplo, o comércio de fantasias, artigos para festas, brinquedos e livros. Você pode pensar em estabelecer uma empresa especializada em locação de mobiliário e equipamentos, inclusive de som e iluminação, para a montagem de eventos, ou então em uma firma que forneça mão de obra especializada para festas e convenções, desde garçons a *promoters* e pessoal de limpeza. Há os tradicionais bufês, a maioria infantis, mas também existem fórmulas inovadoras de espaços para eventos, como a locação de limusines e a realização de festas dentro de ônibus. Como os eventos, em geral, estão mais rebuscados e complexos (pense nos muitos detalhes de um casamento, por exemplo!), as consultorias especializadas em organização e acompanhamento de eventos vêm recebendo boa demanda.

Oportunidades × Ameaças. O brasileiro é festeiro por natureza. Por causa da renda maior, da falta de tempo e do crescimento das expectativas com relação ao que é uma festa bem produzida, muitos estão dispostos a gastar boas quantias para celebrar a vida em alto estilo. Existe também a demanda do mercado corporativo, já que empresas bem estabelecidas prezam por realizar eventos que estejam à altura da notória visibilidade de sua marca. Agora, está aí um ramo em que *giro* é tudo: parou, perdeu! Ociosidade, mesmo que relativamente pequena (se comparada a outros setores), pode enterrar o seu negócio! Por isso será importante tentar cultivar uma carteira dinâmica de clientes ativos e fiéis. Será também necessário muito pique para acompanhar a energia da galera, porque, na hora da festa, todos só querem é curtir!

Limpeza e Manutenção Predial

"Somos pobres, mas limpinhos..." Atualmente, mais da metade das empresas brasileiras terceirizam seus serviços de limpeza e manutenção predial. Estudiosos do setor estimam que, em um futuro próximo, apenas uma a cada quatro empresas ainda abordará essa área de suas atividades de forma vertical. O universo de oportunidades para empreendedores que conseguirem atuar com competência nesse ramo é amplo e crescente; não só no segmento corporativo como também no residencial, onde importantes mudanças estão em curso na dinâmica de manutenção dos lares brasileiros.

Principais formatos. Pensando no mercado corporativo, há boa demanda para os negócios de limpeza comercial, bem como higienização (e até restauração) de fachadas. Para o público particular, temos as tradicionais lavanderias e lava-rápidos, inclusive com a lavagem ecológica de roupas e veículos. Temos as tradicionais empresas de jardinagem e manutenção de piscinas, como também os serviços de reparos e reformas, inclusive com propostas "moderninhas", como a realização de pequenos consertos de todos os tipos (muito conhecidos como "Marido de Aluguel").

Oportunidades × Ameaças. A terceirização das chamadas atividades intermediárias das empresas (em oposição a suas atividades fim) é uma tendência que veio para ficar no mercado de trabalho de nosso país.

CAPÍTULO 3 | O QUÊ

E isso ainda beneficiará muito o setor de limpeza e manutenção. Não somente nas empresas, mas também nos lares a tendência é de terceirização, já que a PEC dos empregados domésticos encareceu esse tipo de mão de obra a níveis proibitivos para a classe média, tradicional contratante desse pessoal, e hoje potencial cliente das firmas especializadas nesses serviços. Mas há um grande desafio no setor: as empresas de conservação e limpeza dependem, essencialmente, de mão de obra. Como regra, considerando o baixo nível de salários pagos no setor, a qualificação prévia desses profissionais costuma ser bem baixa, o que pode comprometer a qualidade e a confiabilidade dos serviços ofertados. O empreendedor terá de se esforçar bastante para fidelizar sua equipe, oferecendo as melhores condições de trabalho possíveis, treinamento, acompanhamento e orientação. Até porque os funcionários desse segmento estão muito sujeitos a acidentes de trabalho que só poderão ser evitados com o uso correto de equipamentos adequados de proteção e segurança, além do respeito a procedimentos padrão na execução diária de seu trabalho.

Roupas e Acessórios

Paramentados para arrasar! A roupa não faz o homem, mas ajuda. Pelo menos essa é a percepção dos compradores dos mais de 6 milhões de peças de confecção que foram produzidos no país no ano passado. Junto com as vestimentas vêm todo o tipo de acessórios, dos tradicionais sapatos, cintos e bolsas a joias, bijuterias e até chapéus.

Principais formatos. Este é um segmento muito focado no comércio, já que, por uma questão de custos mais competitivos, boa parte da produção é hoje feita no exterior. A infinidade de marcas, estilos e binômios qualidade × preço é assustadora, o que exigirá do empreendedor muita objetividade para escolher uma linha e trabalhá-la com dedicação. Dinamismo é a palavra de toque da moda: existem as roupas e os acessórios segmentados por *faixa etária* (bebês × crianças × jovens × adultos × idosos), por *estação* (primavera/verão × outono/inverno), por *gênero* (homens × mulheres), por *estilos* ("modinha" × casual × festiva × clássica × esportiva) ou por faixas de poder aquisitivo (populares × intermediárias × grifes × alta-costura). Opções para escolha do empreendedor seguramente não faltarão!

Oportunidades × Ameaças. O setor de roupas e acessórios é maduro e já bem explorado, não deve experimentar crescimento expressivo nos próximos anos, mas sempre cabe mais um, desde que traga uma boa oferta em termos de relação custo-benefício das peças oferecidas. A concorrência é sempre muito grande e o empreendedor deverá estar constantemente ligado aos movimentos de preços e linhas de seus concorrentes, ajustando-se às tendências e, sempre que possível, antecipando-as na sua região/público de atuação.

CAPÍTULO 4 | COMO

MONTAR UM NEGÓCIO INDEPENDENTE × COMPRAR UMA FRANQUIA

Como identificar se o melhor formato para empreender é estruturar um negócio independente ou adquirir uma franquia?

Opções. A maior parte dos profissionais ex-funcionários de empresas que se estabelece por conta própria busca uma oportunidade no setor de serviços ou do comércio, muito raramente algo na indústria (pela alta complexidade e elevado capital inicial normalmente requisitado). O formato pode ser o de um *negócio independente*, de uma *franquia*, ou até mesmo de um *esquema de marketing multinível*. Esses modelos alternativos para explorar o ramo de negócios e o nicho que você acabará selecionando apresentam prós e contras para o empresário e vale a pena conhecer detalhes sobre eles.

Dinamismo. O Brasil conta hoje com quase 3 mil empresas franqueadoras que reúnem mais de 200 mil unidades franqueadas. O faturamento anual somado das redes franqueadoras atuantes em território nacional beira os R$ 350 bilhões. Na última década, o segmento de negócios franqueados cresceu a taxas anuais sempre bem superiores ao crescimento da economia brasileira como um todo, o que revela inegável pujança econômica. Por outro lado, a rotatividade no setor é grande, com novas marcas chegando e partindo a cada mês, enquanto empreendedores seguem abrindo e fechando (ou passando adiante) suas empresas franqueadas.

Diferentes... mas nem tanto! Existem boas oportunidades de negócio em franquias, não há dúvida disso, mas é preciso desempatar direito entre a escolha de começar um negócio partindo-se do zero, o que aponta para um risco supostamente maior, ou adquirir uma franquia, um negócio que, teoricamente, já nasce maduro. Se você imagina que qualquer um desses dois caminhos é "de longe o campeão" ou "é bem mais fácil de emplacar", engana-se. Trata-se de pesar prós e contras e compará-los com suas necessidades, disponibilidades e preferências como empreendedor. Em qualquer destas duas vias, você precisará de muita **S.O.R.T.E.** para somar ao seu talento profissional e conquistar sucesso em seu projeto empreendedor.

Franquia. Empreender com uma franquia, quando de fato se tratar de uma marca sólida, sempre lhe dará uma confortável segurança (não confunda isso com *garantia*!) de que você estará explorando um modelo de negócios testado, aperfeiçoado e consagrado ao longo do tempo. Para começar a identificar se esse é mesmo o caso, atente-se para o ano de fundação da empresa mãe, especificamente o ano em que lançou seu sistema de franquias. Informe-se sobre a quantidade de unidades franqueadas em operação e a distribuição dessas unidades no território nacional. Compare esses números com os indicadores de empresas concorrentes, para avaliar o êxito dessa franqueadora na qual está particularmente interessado, diante de outras do mesmo ramo, até mesmo comparativamente a empresas do segmento que ainda não atuam com franquias. E tem também o lado pessoal da questão: você próprio conhece e interage com essa marca como *consumidor*? Qual o conceito que seus parentes, seus amigos e o grande público têm da marca, de seus produtos e serviços, de seus pontos de venda e de suas campanhas de marketing? Esse é um lado que pode pesar, mas não deve chegar a ser o mais importante: uma coisa é gostar de *consumir* a marca; outra — que pode ser bem diferente — é gostar de *produzir* e *vender* a marca, já que esse será o desafio diário de um franqueado. Agora, uma coisa é fato: quem já não acredita nela de pronto como consumidor, não conseguirá fazer ninguém acreditar!

Negócio independente. Aqui a liberdade é muito maior, mas a insegurança também. Isso remete a uma preparação ainda mais

CAPÍTULO 4 | COMO

cuidadosa e demanda do empreendedor uma disposição de cuidar de uma quantidade bastante grande de fatores, fazendo-o de forma talentosa e eficaz, sem reclamar ou se cansar. Nesse modelo autônomo será possível desenhar sua linha de produtos e serviços para refletir 100% do que você acredita ser o desejo de seu público-alvo. Desde a escolha do ponto comercial e do traçado de *layout* de loja (quando for o caso), passando pela contratação e pelo treinamento de funcionários, seleção de fornecedores e definição de campanhas publicitárias, tudo dependerá de você (e eventuais sócios), nos mínimos detalhes. A flexibilidade para realizar mudanças e fazer adaptações nos rumos do negócio, inclusive para ajustar o ritmo de eventuais retrações necessárias ou expansões desejáveis, será total no negócio independente.

Aqui, a empresa é inegavelmente só sua, mas lembre-se: mesmo que escolha um nome interessante e desenhe um belo logotipo, diferentemente do caso da franquia consolidada, no negócio autônomo você não terá, ainda, uma marca. A marca é, na sua essência, aquele bom (ótimo ou excelente) conceito que deve povoar a mente dos consumidores. E esse fenômeno mercadológico leva tempo para maturar, custa dinheiro e muito trabalho competente para se "materializar". No entanto, se você próprio conseguir formar e firmar uma marca, ela será exclusivamente sua, o que lhe possibilitará explorá-la à exaustão sem dever nada a ninguém e, no limite, permitindo-lhe até mesmo cedê-la a outros empreendedores, tornando-se você próprio um franqueador de sucesso.

O caminho do negócio independente está sendo (e será) muito bem coberto ao longo de todo este livro. Vale a pena, agora, destacar alguns focos de atenção e cuidados específicos para quem está inclinado a optar por uma franquia.

Investimento inicial. Esse é um valor aproximado, normalmente fornecido pela franqueadora de forma responsável e bem-intencionada, que revela quanto o empreendedor terá de gastar para começar seu negócio até abrir as portas e iniciar sua atividade. Há que se considerar uma margem de erro de até 20%, que costuma ser para mais. Pela terminologia deste livro, tal valor corresponde ao *capital inicial de lançamento do negócio*, ou seja, não engloba o dinheiro necessário para o dono do negócio se sustentar na pessoa física, nem, muito menos, a quantia que será gasta para bancar os "vermelhos" da pessoa jurídica, até que o negócio atinja seu ponto de equilíbrio, com vendas superando despesas, passando então a dar lucros de verdade e somente daí permitindo retiradas. Muito menos está incluso no cálculo desta soma o *capital para a multiplicação do negócio*, já que, do ponto de vista do franqueador, uma nova unidade comprada, mesmo quando adquirida por um franqueado que já detenha uma ou mais unidades da rede, sempre implicará um novo investimento inicial do mesmo tanto.

Capital de giro. Na projeção dessa reserva financeira, informada pelas franqueadoras, infelizmente, se costuma fazer uma perigosa confusão, mesclando-se dois valores que são bem distintos no tempo e que geram, cada um deles, demandas muito específicas (e pesadas!) sobre o bolso do franqueado. Uma coisa é o *capital de sustentação do negócio*, ou seja, a soma de todo o dinheiro que será gasto mês após mês para cobrir os rombos da empresa durante aquele natural período de sua introdução no mercado. As despesas, provavelmente, largarão já aceleradas desde a inauguração, mas as receitas devem demorar um pouco a vir, aguardando a evolução positiva das vendas, o que só acontece mesmo com o tempo. Até o negócio atingir seu equilíbrio financeiro, o empreendedor desembolsará uma boa grana para estabilizá-lo, além do capital inicial para abri-lo. Esse é um dinheiro que irá embora e ficará quietinho lá no passado, não terá volta enquanto o negócio não começar a dar lucros para recuperar o capital inicial, de um lado, e o próprio capital de sustentação da empresa, de outro.

Mesmo depois de sua pessoa jurídica atingir o ponto de equilíbrio financeiro, o empreendedor precisará ter *sempre* em mãos o *capital de giro* propriamente dito do negócio. Essa é uma necessidade perene, inclusive nos negócios de grande sucesso. Trata-se de um dinheiro que vai e volta quase todos os meses, ou em ciclos de alguns meses (conforme o ramo empresarial), mas que tem de estar lá disponível para cumprir seu papel financiador do giro do negócio, ou seja, não pode jamais ser embolsado pelo dono da empresa. Ainda que sua atividade empresarial seja lucrativa, cobrindo custos e deixando uma boa margem líquida, algum dinheiro deverá sempre estar à mão para você financiar o fluxo de caixa provisoriamente negativo de sua operação. Há uma série de despesas que, mesmo contando com a certeza de que serão mais do que cobertas pelas vendas que elas mesmas haverão de viabilizar, terão, ainda assim, de ser *adiantadas*, justamente para produzir a oferta que permitirá tais vendas, que, por sua vez, produzirão recebimentos

CAPÍTULO 4 | COMO

(ou recebíveis: cheques pré-datados, duplicatas a vencer etc.) que somente então reabastecerão os cofres do negócio, repondo o capital de giro e inclusive agregando o esperado lucro da operação. Esse é o capital de giro "limpo" do negócio, já descontaminado das necessidades muito particulares de "consumo de combustível" durante a fase da estabilização.

Taxa de franquia e *royalties*. São dinheiros distintos devidos pelo franqueado à empresa franqueadora. A *taxa de franquia* é uma bolada inicial de alguns milhares, algumas dezenas de milhares ou até mesmo algumas centenas de milhares de reais (conforme o porte do negócio), que o franqueado pagará (numa paulada só, ou em um número comedido de parcelas) à empresa mãe, pela transferência de *know-how* e autorização de uso da marca.

Já a cobrança de *royalties* é regulamentada pela Lei de Franquia Brasileira (Lei 8.955/94) e é definida como o pagamento periódico do franqueado pelo uso do sistema e pelos serviços (cristalizados pela marca) a ele prestados pela empresa franqueadora. Aqui, não estão inclusos gastos com publicidade, mas, normalmente, se englobam os treinamentos de toda a equipe, desde o próprio franqueado, passando por seus colaboradores e até mesmo os fornecedores específicos que talvez precisem ser desenvolvidos. Convém conferir nos contratos se não há limitação de quantidade/periodicidade de treinamentos cobertos. Especialmente no começo, a rotatividade de mão de obra pode ser grande, gerando intensa demanda por novos treinamentos da equipe.

Há diferentes formas de cobrança dos *royalties*, mas a mais comum é uma porcentagem sobre o valor dos produtos adquiridos (compras do franqueado). Isso porque duas em cada três franquias no Brasil funcionam pelo sistema de *marca e produto*, pelo qual o franqueador é o fornecedor exclusivo do franqueado. Porém, quando o modelo é o de *negócio formatado*, pelo qual o franqueado adquire os insumos direto do fornecedor, apenas sob orientação ou supervisão do franqueador (que o faz para assegurar parâmetros mínimos de especificação e qualidade), aí é costume cobrarem-se *royalties* sobre o *faturamento bruto* do negócio (= total de vendas), ou, então, sobre o *faturamento líquido* (= vendas – custos diretos), ou, até mesmo, sobre o *lucro líquido* (= vendas – custos diretos – indiretos – impostos). Pode até ser um valor fixo por mês, mas esse método é menos comum. O modelo de cobrança dos *royalties* pode

99

variar bastante, e seu valor também; o mais interessante para o franqueado será o pagamento que, pesado na balança, pode ser visto como justo pelo que a franqueadora oferece, sem inviabilizar — muito pelo contrário — a obtenção de lucros no negócio, tanto para o franqueado quanto para a franqueadora.

Taxa de publicidade/propaganda e marketing. No sistema de franquias, as campanhas publicitárias costumam ter abrangência regional ou nacional. Isso não exclui a possibilidade de eventuais ações locais quando necessário, por exemplo no caso do lançamento de uma nova loja em um determinado ponto ou quando há uma dessas (raras) promoções que só fazem sentido para um ponto específico da rede, e não para os demais. Em todo o caso, o franqueado deve entender que essa taxa (normalmente uma porcentagem entre 5% e 10% do faturamento bruto mensal) é um dinheiro que ele entrega à franqueadora para cultivar e fortalecer de forma global uma marca que não é dele, mas cuja exploração em seu ponto comercial ou microrregião ele fará. Em outras palavras: é um gasto sobre o qual pouco controle se tem. Sistemas de franquias sérios costumam, pelo menos, ter conselhos consultivos com participação dos franqueados (ou representantes destes) para opinar nas políticas globais de marketing da empresa. Em tempo: há empresas que fornecem ao franqueado absolutamente tudo o que ele precisará para suas ações locais de propaganda e marketing, com todas as despesas referentes incluídas na respectiva taxa mensal. Outras cobram à parte por folhetos, *flyers*, *banners*, *displays*, cartazes, brindes e demais materiais publicitários de apoio. Esses pormenores devem ficar bem claros no contrato da franquia.

Números e número$. Por fim, é importante o franqueado interessado solicitar à franqueadora os números de área mínima por unidade (para ter uma ideia de que tipo de ponto comercial deve comprar/alugar) e *mínimo de funcionários* para operação (quanto menos funcionários por faturamento, lógico, melhor!). Esses números são bons indicadores do "tamanho da encrenca".

Quanto aos números financeiros, o franqueado deve conhecer estimativas de *faturamento médio mensal* e *lucro médio mensal* para todo o período de estabilização do negócio (até atingir seu ponto de equilíbrio financeiro) e também para um período mínimo de 12 meses do negócio já estabilizado (o que permitirá enxergar a eventual sazonalidade do setor). Dois cuidados a serem tomados:

CAPÍTULO 4 | COMO

1) seja conservador — sem ser pessimista — e sempre considere uma margem de segurança de até 20% a menos nesses números;

2) tente obter os números de outras unidades franqueadas de porte semelhante em regiões de clientela parecida; inclusive, é bem interessante conseguir os mesmos dados de outros sistemas concorrentes e até mesmo de negócios independentes. Afinal, conversar com "Deus e todo o mundo" será de grande utilidade para dar musculatura ao candidato a empreendedor. Esses números, quando comparados ao capital inicial somado ao capital de sustentação do negócio, permitirão ao potencial franqueado avaliar o período médio de retorno do investimento no negócio, o chamado *payback*. Mais de três anos? Hum... veja isso direito aí... Menos de um ano? Duvide e só vá nessa se estiver mesmo muito seguro das possibilidades desse pequeno "milagre financeiro"!

O MMN — MARKETING MULTINÍVEL × AS PIRÂMIDES FINANCEIRAS

Quando a grana é pouca ou o tempo é escasso, vale optar por um sistema de marketing multinível? Mas... e a ameaça das pirâmides financeiras?

Pode acontecer de seu capital total já acumulado lhe parecer pequeno demais para montar um negócio do zero ou comprar uma franquia, mas você tem algum disponível para empreender. Talvez não consiga deixar seu atual emprego de uma vez para poder se dedicar integralmente a um projeto empreendedor, mas ainda assim lhe sobre, hoje, algum tempo disponível para uma atividade empreendedora mais *light*. Daí a possibilidade de empreender, limitada, mas existente, fica ali, martelando, martelando... Muita calma nessa hora, porque é justamente nesse momento que muita gente boa se mostra vulnerável ao canto da sereia das (furadíssimas) pirâmides financeiras.

Antiga promessa. Investimento com retorno rápido! Negócio com altos rendimentos! Trabalhe em casa com ganhos elevados! Dinheiro fácil... Você, certamente, já ouviu esse papo rolando por aí em mensagens enviadas por spam ou em vídeos virais que propalam um verdadeiro milagre para multiplicar seu capital. A tentação de tais abordagens não atinge só você: seu pai e seu avô também já devem ter sido assediados no passado, ainda que de forma menos tecnológica. Afinal, desde o Antigo Egito as pirâmides povoam o imaginário popular.

Os propagandistas desse tipo de esquema não aceitam a denominação de "pirâmide" para classificar o "maravilhoso e imperdível negócio" que eles têm para lhe propor. Mas, na essência, isso é o que é: uma pirâmide financeira. A proposta para cada novo participante é que injete uma grana inicial no bolso de quem está logo acima dele. Daí, o novo *"team builder"* deve sair correndo para colocar gente abaixo de si, para conseguir enfiar grana em seu próprio bolso. Dando roupagem ao esquema, sempre há alguma atividade empresarial que, no fundo, em nada importa, além de atrair "patos" para o esquema.

Funciona! O curioso da pirâmide financeira é que os primeiros a entrar, quando tomam a sábia decisão de serem também os primeiros a sair, até que levam consigo uma boa grana. Esse dinheiro entregue a quem estava mais para o topo da pirâmide jamais vem do negócio que dá roupagem ao esquema: o *business* pode até ser atraente, mas nunca rende nada nem minimamente próximo da rentabilidade prometida (garantida!) pelo esquema. Até aí, sem problemas: o deslumbrante ganho oferecido será pago com dinheiro... dos novos entrantes!

Em princípio, isso não é ilegal. E no princípio... funciona. O problema é que, para continuar funcionando e enchendo o bolso de alguns felizardos, o esquema precisa de uma quantidade cada vez maior de entrantes e de novos pagantes. A comparação com a figura geométrica da pirâmide se encaixa como uma luva: para que o topo da pirâmide continue recebendo/tirando dinheiro, mais e mais gente tem que estar na base pagando/colocando grana. Quando a pirâmide desacelera (e mais hora, menos hora, isso, inevitavelmente, acontece!), ela simplesmente desmorona: quem levou, levou. Agora, quem não levou... Os poucos que levaram muito não têm do que reclamar; ao contrário dos muitos que sempre perdem, pelo menos um pouco (e às vezes muito!). Um esquema de pirâmide jamais produz riqueza, apenas a transfere de um

CAPÍTULO 4 | COMO

monte de gente ingênua (afoita e um tanto gananciosa) para um pequeno punhado de gaiatos (muito gananciosos!).

Chamariz. Nada que faça sucesso neste mundo obtém notoriedade por mero acaso. Como diria minha avó: "Açúcar chama formiga porque é doce, meu filho." O dito se encaixa quando analisamos o "estrondoso" sucesso de uma pirâmide financeira. Logo em seus primeiros tempos a pirâmide paga retornos elevadíssimos para quem entra e sai rápido. Visando propagandear a "grande oportunidade", logo no lançamento de toda pirâmide sempre aparecem figuras públicas de projeção um tanto duvidosa, como atores de fama decadente, atletas aposentados e pseudocelebridades em geral. Normalmente, são ex-famosos, atuais "quebrados" do ponto de vista financeiro, desesperados em busca de faturar algum em cima de seu passado de apelo popular.

Business? Os propagandistas de um esquema de pirâmide financeira sempre destacam, ainda que de forma vaga, pouco esclarecedora, a atividade empresarial que dá "fundamento" ao esquema. Alegam tratar-se de um negócio muito promissor, atividade de brilhante futuro e que sustentaria com solidez o inacreditável retorno prometido (pela pirâmide) por vários anos. Passando pela análise minimamente criteriosa de quem entende um pouco de negócios, vê-se que é algo frágil, que jamais poderia render nada nem perto do retorno que se "garante". Pirâmide financeira não é oportunidade de negócio, é crime! No Brasil, esses esquemas são proibidos por lei há mais de sessenta anos. A Lei 1.521, de 26 de dezembro de 1951, que trata dos crimes contra a economia popular, dispõe em seu art. 2º, inciso IX, que constitui crime contra a economia popular, punível com seis meses a dois anos de detenção, "obter ou tentar obter ganhos ilícitos em detrimento do povo ou de número indeterminado de pessoas mediante especulações ou processos fraudulentos ("bola de neve", "correntes", ... e quaisquer outros equivalentes)".

Quer multiplicar? Nosso dinheiro, o meu e o seu, não dá em árvore. É preciso suar para ganhá-lo. Por isso, uma vez economizada e acumulada, sua grana estará sempre em busca de boas oportunidades de multiplicação, é verdade. Aí vai a dica: bem diferentes dos esquemas de pirâmides financeiras são os sistemas de marketing multinível, também conhecidos pela sigla MMN. Outrora designados "marketing de rede", aqui a proposta básica pode até ter a forma geométrica de uma pirâmide (termo que causa justificados arrepios nos praticantes do MMN ético), com a diferença de que o esquema (quando lícito) é sustentável. Afinal, o MMN aplicado com seriedade e ética está calcado na distribuição pulverizada, em escala, de bons produtos e serviços, com preços atraentes, que serão recomendados e distribuídos de boca em boca.

Business! Jamais participei de um MMN, mas minha esposa já o fez no passado e lá aprendeu muito sobre negócios, um bom ponto de partida para a destacada experiência empreendedora que ela viria a acumular ao longo da vida. Simpatizo com a proposta, pois penso que o MMN estimula o genuíno empreendedorismo de base para quem tem, na largada, recursos limitados. Entendo que toda empresa tem que escoar sua produção ao mercado. Uma forma eficaz de fazê-lo é estruturar sólidas equipes de distribuição pessoa a pessoa. Assim, no MMN, constituem-se líderes que assumem o recrutamento, treinamento e monitoramento dos distribuidores da linha de produtos ou serviços em questão. Aí sim, legítimos *team builders*, ou formadores de equipes.

Estrutura piramidal. Em um sistema MMN, os líderes ganham por terem diversos profissionais ativos em sua equipe e ganham mais quanto maior o número de distribuidores bem-sucedidos sob sua condução. Líderes dinâmicos no MMN trabalham duro para ter sua renda aumentada pela ampliação de sua equipe, formando novos líderes de distribuidores sob seu comando. E todo o sistema está focado em uma atividade que agrega valor a outros: oferecer produtos e serviços de qualidade a preços acessíveis. Assim como o diretor comercial de uma empresa ganha mais que um gerente, que ganha mais que um vendedor da base, quanto mais alto na escala, maior será o ganho do líder do MMN. Naturalmente, isso virá sempre acompanhado de mais trabalho e maior responsabilidade, maior habilidade e doses maiores de paciência, talentos preciosos diligentemente empatados na desafiadora arte de capacitar e orientar pessoas. A pirâmide do MMN é, na sua forma geométrica, similar à pirâmide das carreiras corporativas, algo muito natural.

A proposta. Enquanto um esquema de pirâmide financeira é invariavelmente fraudulento, transferindo dinheiro pronto de muitos para alguns poucos, um sistema de marketing multinível pode ser sério e verdadeiramente sustentável — ou não. A mensagem de apelo "venha fazer sucesso e dinheiro com a gente" estará sempre lá; afinal, estamos falando

CAPÍTULO 4 | COMO

de negócios, não?! Um bom sinal de coisa séria será a promessa de ganhos atraentes, porém não milagrosos: os retornos propostos no MMN sério estão longe da exuberância e rapidez de uma pirâmide. No bom MMN há sempre uma linha de produtos (e/ou serviços) que dão base à atividade comercial do grupo, tais como utensílios domésticos, eletroeletrônicos, produtos de higiene e limpeza, roupas, cosméticos e produtos relacionados à saúde e ao bem-estar. Normalmente, trata-se de produtos de boa (ou ótima) qualidade e de preços compatíveis com as mesmas categorias nas lojas (às vezes, até mais em conta). Para começar, teste você mesmo tais produtos: eles têm verdadeiramente uma relação custo-benefício atraente? Pesquise com cuidado se esses produtos ou serviços de fato têm preços parametrizados com seu mercado e realmente competitivos.

Para começar. É comum, no MMN, o líder que convida propor que o potencial ingressante adquira um "kit de entrada". Até aí, tudo bem, desde que você enxergue valor efetivo no que está comprando. Só não vá vender o carro para estocar o quarto e a sala de visitas com a linha completa (e em quantidades exuberantes) antes de testar a viabilidade do negócio *para você*. Sim, porque a linha pode ser ótima, com preços atraentes, mas... você vai saber vendê-la? Tem mesmo capacidade de comunicação e bom *networking*, conhece muita gente que vai querer essa sua oferta?

Para entrar em um sistema MMN, você tem sempre de ser convidado por alguém que já está no esquema: acredita mesmo na pessoa que o chama? Você se identifica pessoalmente com ela? Constata que esse profissional empreendedor vem obtendo um sucesso sustentável com a linha há pelo menos um ano, ou seja, não é um novato empolgado? Por acaso não se trata de alguém apelativo demais, até mesmo forçoso, que consegue até convencer esquimó a comprar gelo? E quanto à empresa do MMN em si, tem tradição de vários anos? É bem vista no mercado? Penso que será um excelente indício de seriedade se, por exemplo, você identificar que a companhia tem seu capital aberto em bolsa de valores, aqui no Brasil ou pelo menos no exterior, já que vários desses sistemas são de empresas multinacionais.

A VIRADA NA CARREIRA

SEU PROJETO EMPREENDEDOR: AS FASES EVOLUTIVAS DO NEGÓCIO

Como você pode esperar que seu projeto empreendedor se desenrole? Qual será a dinâmica própria de cada fase evolutiva do seu negócio?

Etapas. Qualquer que seja o formato escolhido para seu novo negócio, ele sempre seguirá um *caminho evolutivo* que praticamente não irá diferir de negócio para negócio. Neste exato momento, você está só no começo ou nem bem isso (ainda). Mas olhar só para o princípio, com todas as preocupações e as pressões que a largada do próprio negócio naturalmente traz, pode ser um erro. Fatal, inclusive. Sempre gostei daquele raciocínio que propõe "comece com o final em mente". Tente visualizar o caminho todo, antes mesmo de dar o primeiro passo. Esse cuidado visionário sempre poderá ajudar o empreendedor a antever suas dificuldades, prever os desafios com que irá deparar e as possibilidades que terá pela frente. Essa antevisão lhe permitirá se preparar o mais cedo possível e da melhor forma, sem correr o risco de tomar decisões precipitadas, que podem até, aparentemente, livrar ou beneficiar o negócio hoje, mas que, inevitavelmente, comprometerão seu futuro.

Precipitação... e erro! Já vi donos de negócios estreantes, ávidos por fazerem dinheiro, descontarem seus recebíveis (cheques pré-datados, duplicatas a vencer e recebíveis de cartões) em operações precipitadas, a taxas exorbitantes, em bancos e financeiras "agressivos". A curtíssimo prazo, esses empresários se sentiram felizes por terem um caixa mais cheinho no negócio. A médio prazo, no entanto, deram-se conta de que toda a sua lucratividade (em alguns casos, até algo mais que isso) fora consumida nessas operações mal pesquisadas e mal negociadas. Ou seja, eles mataram a galinha dos ovos de ouro.

Mesmo quando o negócio vai bem até uma certa fase, deixar de enxergar o que pode vir pela frente poderá ser um grave erro empresarial. Quando os irmãos McDonald venderam seu negócio para o visionário Ray Kroc, em 1961, por 2,7 milhões de dólares, acreditavam estar vendendo, para um comprador empolgado, uma galinha ajeitada a preço de faisão. Sua falta de visão de futuro do negócio os impediu de ver que estavam, isso sim, vendendo "barato" uma granja inteira, repleta de promissoras franguinhas que se revelariam todas elas tremendas galinhas

106

CAPÍTULO 4 | COMO

poedeiras de ovos de ouro gigantes! Ponto para quem se deu ao trabalho de enxergar mais adiante e se planejar para colher o melhor!

Fase 1: Aprendizado e Planejamento Estratégico

Preparação. Suas principais providências antes de pôr a mão na massa e efetivamente detonar seu projeto empreendedor devem ser: ler, pesquisar, conversar com muita gente boa, aprender tudo o que puder sobre negócios e sobre o ramo/nicho escolhido, para daí esboçar os *grandes contornos* do seu novo negócio. O planejamento desta fase deve ser de natureza *estratégica*. Este é o momento de definir a primeira versão da *visão* do negócio (aonde se quer chegar), sua *missão* (a postura que será mantida no dia a dia para atingir a visão) e seu conjunto de *valores* (os pilares éticos que governarão as ações da empresa e de todos os seus colaboradores no dia a dia).

Visão, missão e valores. Os parâmetros estratégicos para a formação do seu negócio são, por natureza, bastante amplos, mas preze pelo máximo de clareza ao delinear estes conceitos. Se forem de fato bem destilados, resultando em conceitos sólidos, de alto impacto, servirão para bem mais do que simplesmente estampar aqueles simpáticos quadrinhos nas paredes da entrada do estabelecimento. Estes parâmetros da grande estratégia do seu *business* servirão para manter seu negócio nos trilhos durante a dificuldade e para acelerar com segurança nos períodos de prosperidade. O viajante que não sabe direito aonde vai, por qual caminho tentará chegar a seu destino e quais as forças que o sustentarão durante a viagem pode acabar não chegando a lugar algum. Ou pior: chegará ao lugar errado!

Vai montar um *food truck* de comida japonesa? Que tal o esboço de planejamento estratégico abaixo para este seu negócio?

- **Visão**: tornar-se a marca mais lembrada e procurada de *food truck* de comida japonesa nas praças, encontros e festivais de São Paulo, capital.
- **Missão**: vender pratos bem preparados, fartos e com preços justos.
- **Valores**: rapidez + fartura + variedade + limpeza + cordialidade.

A VIRADA NA CARREIRA

Fase II: Planejamento Tático e Montagem

Do macro ao micro. Depois de desenhado o planejamento estratégico, que mostra a grande figura da empresa que você deseja estabelecer, é hora de traçar as linhas finas de seu novo negócio. Este é o chamado *planejamento tático*: um conjunto integrado de pequenos planos parciais, contendo cada um deles um *objetivo* a atingir, com suas respectivas *metas* pormenorizadas que, se perseguidas e batidas, levarão ao atingimento do tal objetivo. Os estudiosos do empreendedorismo gostam de chamar o conjunto completo de planos do seu projeto empreendedor, que engloba o planejamento estratégico e o planejamento tático, de *plano do negócio* (muito citado na versão em inglês: *business plan*). As nomenclaturas utilizadas não mudarão muito o seguinte fato: sem planejamento, do macro ao micro, seu projeto terá chances muito reduzidas de sucesso. Então, paciência e muita determinação neste momento. A pressa de ver as coisas acontecerem não deve afastá-lo do bom planejamento.

Um planejamento tático bem elaborado deve cobrir *todas* as providências necessárias para o período que vai desde a primeira ideia de lançar o negócio até a abertura das portas da sua empresa (e, você verá, não deve parar por aí). No tocante à *marca registrada* do seu negócio, por exemplo, um bom plano tático poderia ser:

- **Objetivo**: ter uma marca registrada para dar identidade ao negócio;
  ... esse objetivo remeteria imediatamente a um conjunto de metas:

- **Meta 1**:
  resultado = imaginar possibilidades de nomes e desenhos + pesquisar o que já existe × descobrir o que parece ainda não ter sido criado de semelhante e que portanto estaria disponível, para escolher três opções de grande apelo;
  processo = comprar uma revista especializada em marcas, usar a internet e trocar ideias a respeito com amigos inteligentes/experientes;
  prazo = resultado pronto em duas semanas;
  recursos humanos = eu mesmo (o empresário) realizarei as atividades;
  recursos financeiros = R$ 20 para a revista.

CAPÍTULO 4 | COMO

- **Meta 2:**
  resultado = obter um estudo profissional do nome, bem como um *design* elaborado do logotipo (para mídias impressas e digitais) e ainda uma estratégia de divulgação inicial da marca;
  processo = pesquisar e selecionar uma agência de publicidade para esse trabalho;
  prazo = após a entrega da meta 1, resultado pronto em um mês;
  recursos humanos = empreendedor fará a negociação e o acompanhamento × agência contratada prestará os serviços técnicos;
  recursos financeiros = verba total requisitada de R$ 800.

- **Meta 3:**
  resultado = registrar a marca no órgão competente;
  processo = pesquisar e selecionar um escritório de marcas e patentes;
  prazo = após a entrega das metas 1 e 2, o resultado da primeira fase do processo deverá estar pronto em um mês e, a partir daí, seguirá a tramitação normal da burocracia do setor;
  recursos humanos = o empreendedor fará a negociação e o acompanhamento × escritório contratado prestará os serviços técnicos;
  recursos financeiros = verba imediata requisitada de R$ 1.200 (mais R$ 2 mil necessários em até dois anos).

Precisão. Repare que o empresário deverá delinear cada meta de forma muito clara e explícita, apontando um *resultado mínimo necessário*: se ele não for entregue, não poderá considerar a meta como batida. Para viabilizá-la, o empreendedor deverá indicar detalhadamente o *processo* a ser seguido, o *prazo* máximo almejado, bem como os *recursos* humanos e financeiros disponíveis e necessários para cada meta. Apenas planejando todas as providências necessárias até a abertura do negócio com esse nível de cuidado e paciência é que as metas funcionarão como etapas de um plano parcial que irá levar ao cumprimento de um determinado objetivo importante para o negócio e todos os objetivos reunidos, projetados dessa maneira, formarão o grande plano tático do negócio.

Calibragem. Naturalmente, somando-se todo o tempo requisitado das pessoas disponíveis para trabalhar no negócio e todo o dinheiro que terá de ser gasto, considerando todas as metas de todos os objetivos

109

pré-abertura, enfim, considerando todo o planejamento tático de preparação do negócio, a soma final deve se manter dentro dos limites dos recursos humanos e financeiros disponíveis para tocar seu projeto. Se o planejamento indicar que as necessidades irão extrapolar os recursos, será necessário fazer ajustes até que tudo caiba dentro das suas reais possibilidades. Não se paga conta de duzentos com nota de cem, simples assim! Essa é a *dureza* e a *beleza* do planejamento: com ele o empreendedor "se forçará" a lidar com as limitações antes que elas se imponham de fato, resolvendo problemas e superando desafios enquanto ainda estão apenas no papel. Isso nós veremos em maiores detalhes nos Capítulos 5 e 6, nos quais você aprenderá, por exemplo, a calcular e separar o *capital inicial de lançamento do negócio*, quantia que será totalmente consumida até que sua empresa faça sua estreia oficial no mercado.

Plano do Negócio e aplicativos. Não se esqueça de registrar tudo de forma bem organizada, em um caderno intitulado *Plano do Negócio* ou em um arquivo de texto com várias páginas ou, ainda, em um arquivo de planilhas com diversas abas. Existem aplicativos desenvolvidos para o planejamento e a gestão de projetos (utiliza-se muito o termo em inglês: *project manager*) que podem ajudar a organizar de forma muito prática e relativamente descomplicada todas essas providências de preparação do seu negócio. Dentre os vários programas disponíveis, gosto do PM Canvas (aplicativo gratuito). A proposta do *Canvas* ("tela", em inglês) é que o empreendedor possa visualizar todas as dimensões importantes de seu(s) plano(s) em um único painel (uma única tela ou folha), que servirá para planejamento e também para controle durante a execução. O PM Canvas permite que cada um de seus planos seja atualizado de modo dinâmico e até mesmo participativo (muito útil se você tiver sócios, mentores e/ou financiadores envolvidos no projeto). Com o PM Canvas o usuário poderá organizar seu(s) *canvas* como se fosse(m) um WhatsApp, permitindo que os diferentes participantes do grupo de trabalho possam compartilhar seus argumentos, escolhendo juntos quais farão parte ou não do *canvas*. Disponível para os sistemas operacionais IOS e Android, esse aplicativo pode ser baixado gratuitamente na Apple Store ou na Play Store.

Nome e logotipo: sua marca registrada. Do enorme conjunto de providências pré-operacionais para seu novo negócio, há um objetivo que costuma excitar a mente dos empreendedores: a escolha do nome e

CAPÍTULO 4 | COMO

do logotipo, a *marca* que dará a sua empresa uma identidade única. Esta é, sem dúvida, uma questão fundamental, mas não deve tomar mais que o necessário do seu escasso e precioso tempo de empreendedor estreante. Um esforço bem concentrado dará conta do recado sem dispersar muita energia. De largada, tenha em mente que uma coisa é a *razão social* do seu negócio, aquele nome formal que consta no contrato social da empresa. Siga a orientação de seu contador para a escolha desse nome que frequentemente está sujeito a restrições regidas pela legislação em vigor para seu segmento. Outra coisa, bem diferente — e aí sua imaginação pode correr solta —, é o *nome fantasia*, normalmente associado a um *logotipo*. Pensando na penetração de seu negócio no mercado, é essa *marca registrada* que deverá receber especial atenção quanto a um estudo cuidadoso dos impactos de marketing. Vale até mesmo desembolsar uma graninha, algumas centenas de reais, para encomendar uma marca benfeita por uma agência de publicidade.

Uma identidade para o rebento! O nome e o logotipo de seu negócio são a "marca registrada" (mesmo quando não formalmente registrada) de sua oferta única ao mercado. É por estes referenciais, tanto o visual quanto o sonoro, que clientes irão se lembrar de sua empresa, seja para procurá-la de novo ou para indicar a amigos e conhecidos, até mesmo para postar boas referências nas redes sociais, ajudando a formar uma boa imagem de mercado. Seu gosto pessoal deve ser levado em conta, é claro, mas pense, prioritariamente, numa marca que agrade seus clientes e você acabará ficando satisfeito com sua escolha. Para isso, podem ajudar os nomes curtos e sonoros, associados a imagens simples, de leitura direta. Pense na maçãzinha mordida da Apple e tome-a como referência para sua seleção. Aliás, nomes e imagens originais, desde que não sejam "metidos a criativos" demais, costumam funcionar melhor que nomes convencionais, mas isso também dependerá do seu mercado. Uma *startup* de TI que desenvolve aplicativos para smartphones, provavelmente, poderá ter uma marca mais ousada que um açougue.

Menos! Seu negócio, provavelmente, nascerá como uma pequena empresa, mas a percepção de valor do mercado não deve ser pequena. Para emplacar sua marca, evite timidez, mas também não vá com tanta sede ao pote. Nomes pomposos demais podem atrapalhar. O nome Casa Nacional dos Cortes Nobres para um açougue não é exatamente feio, mas corre o risco de acabar virando, na boca do povo, "aquele açougue do lado da padaria". Se o seu negócio é do tipo profissional-empresa, e deve seguir assim mesmo depois de amadurecido, talvez seja melhor utilizar seu nome próprio inteiro ou seu sobrenome. "Tavares Despachante" é provavelmente mais eficaz do que "Roda Tranquilo Despachante Automotivo". Na prática, todos vão acabar recomendando o "Tavares Despachante". Outra coisa: metáforas e paráfrases podem ajudar no começo, mas tendem a impedir seu negócio de criar uma identidade própria no final das contas. "Ponto do Pão de Queijo" pode ser fácil de assimilar, pela óbvia semelhança com a "Casa do Pão de Queijo", mas se houver uma delas perto de você, provavelmente, sempre venderá mais.

Direto ao ponto! Tanto o nome quanto o logotipo devem remeter os clientes em potencial à *essência* do seu negócio. Não só à essência que o empreendedor quer transmitir, mas, sobretudo, àquela que os clientes querem captar. Assim, o logotipo e o nome de uma lavanderia podem agradar ao empreendedor sendo o desenho de um diamante com a palavra "Qualità", porque o dono do negócio é de origem italiana, valoriza muito seu negócio e quer destacar que em seu estabelecimento tudo é feito com elevadíssima qualidade. Porém, talvez os clientes preferissem o nome "Velocità", com o desenho de uma camisa pendurada em um cabide, movendo-se com grande rapidez, tombada para a direita e até com aqueles risquinhos simulando vento. Isto porque a questão da qualidade para o cliente é algo óbvio: se não for boa, ele não voltará! Agora, o grande diferencial que se busca em sua lavanderia (ou na da concorrência) é a agilidade no prazo de entrega. Pense nisso.

Regionalismo × universalização. Adotar um nome e/ou um símbolo regional pode ajudar a atrair a clientela local, mas só vá por esse caminho se tiver a certeza de que seu negócio não deverá ter expansão para além do território de origem, ou se pretende mesmo carimbá-lo como um negócio de nicho regional. "Acochado" (que na gíria nordestina significa apertado) pode ser um nome criativo para um barzinho de Fortaleza que fica em um imóvel bem estreito e que pretende estar sempre abarrotado de clientes. Nesse caso, os frequentadores, naturalmente, ficarão bem próximos uns dos outros. O que parece uma limitação (física) da casa, se for bem explorado do ponto de vista de marketing, poderá virar justamente sua pegada, ajudando o negócio a emplacar. Mas não creio que "acochado" sugira algo atraente para um típico cliente paulistano. A menos que, lógico, o empreendedor esteja visando o público paulistano que viaja a lazer para o Nordeste, gosta muito da região, aprecia a cultura nordestina e, por isso mesmo, se sente atraído pela ideia de frequentar um barzinho com o nome "Acochado" em plena região central de São Paulo!

Blivers Blovers. Cuidado com nomes em inglês: eles são pomposos, podem sugerir modernidade e sofisticação, mas... o tiro pode sair pela culatra! Não faz muito sentido uma loja de moda no Bom Retiro, tradicional bairro de São Paulo especializado no atacado (também um pouco de varejo) de roupas de qualidade, chamar-se Fashion's. Na melhor das hipóteses, vai acabar como "fachiônis" na boca da clientela. Cuidado ainda com nomes estrangeiros em geral, pois podem ter muito significado para a colônia étnica local ou para quem conhece a língua de origem, mas nenhum sentido (ou pior, um sentido negativo) para o grande público. Um restaurante de comida italiana chamado "Polpettas" ("almôndegas", em italiano) pode sugerir "comida que engorda" para quem não é de ascendência italiana. Adotar esse nome seria um tiro no pé — a menos que o empreendedor queira justamente afastar o grande público, focando apenas no público étnico, um risco que precisa ser muito bem calculado.

X.Y.Z. Siglas são tentadoras, mas qual o seu significado? Ela ficará mesmo clara para os clientes? É bem fácil de pronunciar e memorizar? Jamais se esqueça de que a marca do seu negócio deve ser bolada, como tudo nele, visando, primeiramente, atrair seus clientes em potencial, bem como reter e fidelizar os atuais, ajudando-os a recomendar você e seu negócio. Se tentar botar goela abaixo dos clientes uma sigla bonita para você, mas difícil e sem apelo para os clientes, pode contar que ela será sumariamente ignorada por quem mais deveria adotá-la!

É sua e ninguém tasca! Bem, uma vez definida sua marca, talvez seja interessante registrá-la no INPI (Instituto Nacional de Propriedade Intelectual), principalmente se você não descarta (ou até mesmo cobiça) a possibilidade de um dia vir a atuar como franqueador. O registro até pode ser feito por você mesmo, mas, por uma questão de praticidade, e para garantir o resultado desejado no prazo correto, recomendo contratar um escritório especializado em registro de marcas e patentes (pesquise na internet). Como o processo envolve um custo de algumas centenas de reais, melhor deixar para providenciar isso assim que você tiver a certeza de que seu negócio de fato vingou. Um esclarecimento: quando se registra um nome ou logotipo, o registro é feito por categorias de negócios. Isto quer dizer que mesmo em se tratando de um nome conhecido em determinado ramo pode ser que seu registro esteja disponível para o seu setor específico de atuação, diferente daquele em que se utiliza o nome famoso. Uau, será que dá para registrar Apple e uma maçãzinha mordida para sua nova loja/fábrica de tortas e compotas caseiras de frutas? Confira lá: www.inpi.gov.br.

Fase III: Abertura e Lançamento

Pessoa jurídica. Tratarei agora de uma providência que, na realidade, deveria fazer parte da fase anterior: a questão da *abertura formal* de sua pessoa jurídica, ou seja, as providências necessárias para a constituição legal de seu negócio próprio. Isto deve ser feito antes mesmo da abertura física da empresa, com pelo menos um mês de antecedência da inauguração, para você não correr o risco de abrir as portas na informalidade. O que vou lhe afirmar pode parecer forte, mas, do ponto de vista do mundo dos negócios, *informalidade = ilegalidade*. Se o seu projeto empreendedor é mesmo para valer, não uma mera tentativa amadora de fazer dinheiro arriscando pouco, você tem de começar certo desde o primeiro passo.

Hoje, a legislação societária e tributária vigente no Brasil permite que se comece, sim, já atuando na legalidade, mesmo que no início seu faturamento seja modestíssimo. Trata-se apenas de se informar e de tomar as providências corretas que, aliás, em qualquer lugar do mundo são um tanto burocráticas e implicam algum custo (aqui, no Brasil, esta área melhorou muito nos últimos dez anos). Lembre-se: ganhar dinheiro de forma não declarada é sempre uma forma de corrupção, ainda que os valores envolvidos sejam pequenos. Abra direito, toque seu negócio, fature o que tiver de faturar, pague o que é correto e durma tranquilo. Não é isso que irá inviabilizar seu bom negócio e você ainda estará contribuindo com seu tanto justo para a arrecadação nacional, ao lado dos demais empresários e trabalhadores deste país. Afinal, um empreendedor sério não se contentaria em estabelecer um negócio próprio cujo principal diferencial competitivo estivesse na sonegação fiscal.

CAPÍTULO 4 | COMO

Caminho. Os passos necessários para a abertura formal de sua pessoa jurídica são praticamente os mesmos em qualquer localidade do país. Aqui, recomendo que o empreendedor tome duas providências:

1) acesse o site: www.sebrae.com.br;
2) selecione e contrate um bom contador.

A ideia de visitar o site do Sebrae — Serviço Brasileiro de Apoio ao Empreendedor — é para que você leia o rico conteúdo que encontrará lá e tenha uma noção de como tudo funciona. Veja bem, não é para tentar fazer sozinho: isso é até possível, mas esse trabalho é algo desconhecido e você pode cometer erros que lhe custarão caro lá na frente. Demanda esforço e simplesmente não compensa. Deixe nas mãos de quem entende e vai providenciar tudo com profissionalismo: um contador, cuidadosamente selecionado a partir de boas referências (peça dica de amigos empresários), que não há de lhe cobrar mais do que dois ou três salários-mínimos pela abertura (e depois algo a partir de 1/3 de salário-mínimo para a manutenção mensal). Descreva detalhadamente ao seu contador a atividade que você pretende desenvolver no novo negócio e esse profissional lhe fornecerá toda a orientação quanto às etapas do processo de abertura, os documentos necessários, os custos específicos envolvidos (tanto honorários quanto taxas legais) e a classificação de sua atividade no CNAE — Cadastro Nacional de Atividades Econômicas.

Tributos. Da classificação no CNAE virá o enquadramento tributário federal, estadual, municipal e sindical/associativo de sua empresa, para que você conheça antecipadamente quanto terá de pagar de impostos, taxas e contribuições para a União, para o seu Estado, para o seu Município e para as associações de classe e sindicato do seu setor, bem como eventuais taxas para órgãos fiscalizadores (conforme o ramo). Afinal, essas serão *deduções* da sua receita bruta, contas com as quais você terá de arcar, obrigatoriamente, todos os meses (ou todo ano), assim como outras despesas quaisquer. Conforme a *natureza da atividade econômica* do seu negócio e de acordo com a *escala financeira* (nível de faturamento mensal e anual) na qual você pretende desenvolvê-lo, será possível enquadrá-lo como uma *sociedade limitada* convencional, como uma micro ou pequena empresa tributada pelo Simples Nacional ou como um MEI — Microempreendedor Individual.

Sociedade Limitada. Este é o modelo mais tradicional de empresa. Se o Simples ou o MEI não lhe interessar ou não lhe for permitido (seu contador lhe explicará as possibilidades, os prós e os contras em detalhes), você poderá optar por ter sua pessoa jurídica tributada pelo lucro presumido ou pelo lucro real.

No sistema de *lucro real*, os impostos que devem ser pagos sobre o lucro (IRPJ e CSLL) serão calculados de acordo com o lucro real (efetivo) obtido pela empresa, ou seja, o que sobrar da receita (conforme apurada pela soma das notas fiscais emitidas) depois de debitados os custos e as despesas (conforme as notas fiscais recebidas nas compras e contratações). A vantagem é que, caso haja prejuízo (coisa que nenhum empresário deseja, mas pode acontecer), a empresa não será tributada e poderá fazer a utilização dos créditos do PIS e Cofins (um tópico avançado que terá de ser detalhado por seu contador). A desvantagem é que, caso haja picos de lucro, a empresa pagará mais impostos. Neste sistema há um grande nível de exigência nos controles da contabilidade, pois algumas despesas não são consideradas como dedutíveis para o cálculo do lucro real e o escritório encarregado terá um bom trabalho para processar as notas fiscais (cobrando, inclusive, honorários mais elevados).

Já no sistema de *lucro presumido*, como o próprio nome sugere, o lucro da empresa, para efeito de tributação, é presumido (imaginado) de acordo com a categoria do negócio. Assim, os impostos sobre o lucro (com suas respectivas alíquotas) incidirão sobre uma parcela (uma porcentagem) do faturamento da empresa, predefinida pelo governo como sendo a presunção de lucro no seu setor de atuação: *serviços* = lucro de 32% (base da tributação) × *comércio* = 16% × *indústria* = 8%. Naturalmente, essa modalidade só será vantajosa caso a empresa apresente margens de lucro efetivos superiores às definidas em lei como sendo o presumido. Isso acontece, por exemplo, quando com frequência compram-se produtos e contrata-se pessoal sem nota fiscal, o que impede a comprovação formal das despesas e, oficialmente, infla o lucro declarável (por exemplo, um bufê infantil que compra salgados de salgadeiras informais e contrata auxiliares informais para as festas: gasta-se muito com isso, mas não tem comprovação fiscal). A desvantagem é que as empresas tributadas pelo lucro presumido não têm direitos aos créditos do PIS e Cofins no sistema não cumulativo. (O seu contador poderá dar a você maiores informações a esse respeito.)

Simples Nacional. O chamado Simples Nacional é um regime compartilhado de arrecadação, cobrança e fiscalização de tributos que pode ser usado (optativamente) no Brasil pelas microempresas e empresas de pequeno porte. A proposta, oferecida pelo governo a pessoas jurídicas com faturamento anual máximo de R$ 3.600.000, é que se pague apenas um tributo unificado por mês, através de um DAS — Documento de Arrecadação Simplificada, que engloba os seguintes tributos, em geral devidos por qualquer pessoa jurídica atuante no país: IRPJ + CSLL + PIS/Pasep + Cofins + IPI (só indústrias) + ICMS (só comércios) + ISS (só prestadoras de serviços) + Contribuição para a Seguridade Social destinada à Previdência Social a cargo da pessoa jurídica (CPP). Para uma empresa prestadora de serviços, por exemplo, a alíquota do DAS começa em 4,50% sobre o faturamento (se ficar limitado a R$ 180.000 no ano) e pode chegar a 16,85% (para empresas que faturarem algo próximo ao limite máximo de R$ 3.600.000 por ano). A emissão de notas fiscais pelo Simples Nacional é bastante descomplicada, não exige certificação digital e o DAS pode ser recolhido até o dia 20 do mês subsequente àquele em que se apurou a receita. (Maiores informações: www.empresasimples.gov.br.)

MEI — Microempreendedor Individual. O profissional que deseja trabalhar exclusivamente por conta própria e, apesar de ter porte financeiro muito modesto, quer atuar na legalidade tributária, pode optar pela inscrição no MEI, mas, para isso, não poderá faturar mais que R$ 60.000 por ano (média de R$ 5.000 por mês) e também não poderá ter participação em outra empresa como sócio ou titular. O MEI terá permissão para contratar um único empregado recebendo o salário-mínimo ou o piso da categoria. Entre as vantagens oferecidas ao MEI está o registro no Cadastro Nacional de Pessoas Jurídicas (CNPJ), o que facilita a abertura de conta bancária, o pedido de empréstimos e a emissão de notas fiscais. Apesar disso, o MEI ficará isento dos tributos federais (IRPJ, PIS, Cofins, IPI e CSLL) e pagará apenas o valor fixo mensal de R$ 40,40 (comércio ou indústria), R$ 44,40 (prestação de serviços) ou R$ 45,40 (comércio e serviços), que será destinado à Previdência Social e ao ICMS ou ao ISS. Essas quantias serão atualizadas anualmente, de acordo com o salário-mínimo. Com essas contribuições, o MEI terá acesso a benefícios como auxílio-maternidade, auxílio-doença, aposentadoria, entre outros. Convenhamos: é um custo perfeitamente razoável para poder contar com o privilégio de atuar 100% na legalidade, só não fará quem não quiser ser sério. (Maiores informações: www.portaldoempreendedor.gov.br.)

Mãos à obra! Após ter formalizado a abertura de sua empresa, o próximo passo será colocar em prática todas as atividades imaginadas, para todos os objetivos traçados no planejamento tático. Procure seguir à risca os parâmetros pelos quais os objetivos e as metas para a montagem do negócio foram traçados. Se durante a implementação o empreendedor perceber que é possível fazer as coisas ainda *mais rápido* ou *melhor* do que havia imaginado ou, ainda, com *menor custo*... que maravilha! Esse tipo de boa surpresa sempre será bem-vindo! Só tome cuidado para não ir na direção contrária e "afrouxar" logo na largada, empregando mais tempo, mais dinheiro e mais energia do que estavam disponíveis. Evite ainda outro tipo de *entreguismo* na largada: contentar-se com o atingimento parcial (seja na *quantidade* ou na *qualidade* deficiente) dos objetivos traçados no planejamento tático.

Cuidado: a pressão será grande e a tentação também! Este período será excelente para exercer a sua firmeza de propósito e comprovar seu amor e sua dedicação pelo negócio que está criando. Se fraquejar, aquele tão sonhado *food truck* de culinária japonesa poderá acabar virando um *trailer* mambembe, com um nome fantasia inadequado, visual pobre (ou até feio) e com um pessoal despreparado que serve (apenas) *temakis* mal ajambrados, por preços pouco razoáveis. A menos que seja para se tornar mais um dos retratos pendurados no hall da fama dos empreendedores bem-sucedidos deste país, será melhor, simplesmente, não sair do ponto onde se encontra hoje.

Luzes, câmeras... ação! Abrir um negócio não é apenas levantar uma nova porta numa segunda-feira qualquer. Pense que, hoje, o mercado já tem oferta para quase tudo. Então, respeitando suas limitações financeiras, você deverá garantir um lançamento de grande impacto no segmento/região em que pretende atuar. Espalhar faixas e cavaletes nas redondezas ou distribuir folhetos no farol (quando permitido) ou, ainda, entregar alguns cupons dando direito a brindes e descontos superespeciais no mês de inauguração são iniciativas que poderão ajudar seu novo negócio a emplacar. Que tal promover um evento *avant première* (pré-lançamento) a portas fechadas no próprio estabelecimento, com um

CAPÍTULO 4 | COMO

belo coquetel, apenas para vips da região, escolhidos a dedo e convidados pessoalmente? Essa tacada pode ser decisiva para que uma interessante divulgação boca a boca seja ativada e seu negócio seja "descoberto" por seus potenciais consumidores/compradores nos arredores. Anúncios em revistas e jornais de bairro não custam pouco, é verdade, mas podem alavancar bastante suas vendas, sobretudo nos primeiros meses.

Serviços. Mesmo que seu negócio não seja do tipo "porta na rua", uma divulgação maciça no lançamento será sempre indispensável. Normalmente, neste caso, você trabalhará a partir de um *home office* ou um pequeno escritório comercial, então não cabe pensar em fazer nenhum evento *in loco*. Mas o empreendedor talvez possa se beneficiar ao dar uma festa de lançamento em uma cantina, pizzaria ou salão de festas na região que será atendida pelo novo negócio. Se não houver uma delimitação regional clara — ou seja, os potenciais clientes da nova empresa poderão ser de todo canto da cidade e até mesmo de outras cidades ou estados —, valerá a pena fazer um evento de lançamento convidando alguns vips que poderão vir a contratar, recomendar ou mesmo indicar seus serviços. Se for para fazer feio, não faça; então, prepare-se para gastar o necessário e realizar um lançamento de arromba! Se isto não for possível, no mínimo, deverá haver, prontinha para o lançamento, uma linda versão virtual do seu estabelecimento: um excelente website! Nenhuma prestadora de serviços que se preze sobrevive, hoje em dia, sem um site muito bem apresentado, e há diversos desenvolvedores que podem montar um site lindo para você por algo entre R$ 1 mil e R$ 5 mil, dependendo das funcionalidades — por exemplo, se terá loja on-line e conteúdo de vídeos ou não. (Pesquise na internet pelo termo "desenvolvimento de website".)

Fase IV: Primeiros Tempos e Aperfeiçoamento

Mea culpa. Nas primeiras semanas e nos primeiros meses, por melhor que tenha sido sua preparação, é natural que seu novo negócio colecione uma série de erros. Esteja extremamente alerta para evitá-los, mas seja realista e saiba que é muito provável que eles ocorram aqui e ali. O que fazer então? Duas providências podem garantir que os típicos "erros do novato" funcionem, na realidade, como bênção para seu negócio.

Primeiro, assegure-se de que o cliente não seja vitimado pelo erro. Isso pode ser inevitável, no entanto. Nesse caso, se ele, de alguma forma, for prejudicado, recompense-o em dobro. Admita o erro, explique quando achar que isso acalmará o cliente e dê-lhe sempre algo "inusitado" em compensação. Aquela sopa no pão de seu novo restaurante veio fria para a mesa do cliente (porque o garçom vacilou), e o cliente reclamou (com justa razão... e para sua sorte)? Peça desculpas, diga que trará outra (faça-o rápido!), sirva um quitute enquanto o cliente espera (e lhe dê uma segunda chance de seu negócio cativá-lo) e, no final, não cobre nada, nem pelo aperitivo, nem pelo prato reposto. Talvez seja até o caso de lhe dar um cupom de desconto para a próxima vinda ao estabelecimento. Pensa que tudo isso sairá caro demais? Acredite-me: perder o cliente e ganhar um difamador para seu negócio estreante poderá ser bem mais custoso que tudo isso para o seu sucesso empreendedor.

Treinamento e aperfeiçoamento! E quanto ao garçom? Reprimi--lo de forma constrangedora na frente do cliente pode até aliviar você psicologicamente e mostrar poder de comando, mas, também, talvez resulte na perda de um colaborador que, na média, vinha sendo dedicado e trabalhando direito. Se for questão de pura má vontade, demita-o sem pestanejar. Se foi um "simples descuido", o melhor é analisar de maneira criteriosa o ocorrido, mudar algo que seja necessário na estrutura e no processo, dar o (re)treinamento adequado a quem errou e conceder-lhe nova(s) oportunidade(s) de mostrar que aprendeu. O motivo também pode ter sido um problema pessoal pontual do seu funcionário, que naquele dia estava avoado porque havia brigado com a esposa. Você não é obrigado a atuar como psicólogo dos seus colaboradores (provavelmente, nem tem formação para isso), mas estar aberto para ouvir um pouco de suas circunstâncias pessoais será inevitável se quiser criar um vínculo de confiabilidade mútua.

Fase V: Rumo ao Ponto de Equilíbrio Financeiro

O tempo voa. Depois de "erguidas as portas" do negócio, você verá que os dias, as semanas e os meses passarão num ritmo muito acelerado. O trabalho será intenso, às vezes até tenso, e isso será dessa forma mesmo que você ainda tenha poucos clientes efetivos. Nos primeiros tempos, você (e sua eventual equipe de colaboradores) deverá trabalhar fervorosamente com duas preocupações simultâneas na cabeça: criar demanda para o negócio... e atendê-la com excelência! Não basta superar os obstáculos que surgem; você deverá acordar todos os dias tendo em mente antecipar o máximo possível os obstáculos que poderão aparecer. Esse será o andar da carruagem do seu negócio próprio por meses e meses a fio. Mantenha o foco no planejamento estratégico e no planejamento tático, abuse da perseverança e autocontrole, bem como do controle e da motivação adequados de sua equipe, se contar com uma. Vou lhe dizer algo óbvio, mas que não deve sair da sua cabeça nesta fase: "Até que dê certo, simplesmente, *não pode dar errado.*"

E os cifrões, como é que ficam? Talvez a maior fonte de ansiedade para o empreendedor nesta fase de estabilização do seu novo negócio sejam mesmo as famigeradas *contas a pagar*. Ou melhor: o natural (mas incômodo) descasamento entre as *entradas* financeiras no negócio (receitas apuradas) e as *saídas* de caixa (despesas realizadas). Para todo efeito prático, nenhum novo negócio poderá ser considerado minimamente bem-sucedido antes de atingir seu *ponto de equilíbrio financeiro.* É comum que *businessmen* se refiram a este momento usando o termo em inglês: *break even.* Qualquer que seja a língua escolhida, estamos aqui tratando daquele abençoado momento da evolução das vendas do negócio em que o faturamento apurado começa a empatar com os desembolsos, colocando o *business* em um primeiro nível de contas no azul. Até que você atinja esse ponto, será indispensável utilizar com muita sabedoria os recursos disponíveis, sobretudo os financeiros.

Equilíbrio financeiro × lucro. Fluxo de caixa positivo não garante necessariamente boa lucratividade (como veremos no Capítulo 8). O *lucro*, em si, e não o "simples equilíbrio", é o maior sonho financeiro de todo empreendedor de sucesso, a única força que pode garantir longevidade ao negócio. Mas chegar ao ponto de equilíbrio já será um primeiro passo acertado rumo à sanidade financeira do negócio. Afinal, poder, finalmente, parar de colocar dinheiro na empresa todos os meses é um tremendo alívio! Enquanto isso não ocorrer, porém, só o bom planejamento financeiro poderá garantir nervos de aço ao empreendedor quando, mês após mês, durante a fase de estabilização, depois de ter trabalhado feito um camelo, ele se deparar com um recorrente rombo nas

A VIRADA NA CARREIRA

contas da empresa. Planejando-se de maneira adequada, o empreendedor poderá contar com a providencial cobertura de dois tipos de capital,
especialmente reservados para esta fase:

1) o *capital de sustentação pessoal do empreendedor* (como vimos no
   Capítulo 2);

2) o *capital de sustentação e equilíbrio do negócio*, que você aprenderá a calcular no Capítulo 6.

Fase VI: Consolidação e Expansão

Próximo! Atingido o ponto de equilíbrio financeiro do negócio, quais as
próximas metas de consolidação para que o empreendedor possa come-
morar a conquista do sucesso pleno? Do ponto de vista estritamente
financeiro, o próximo grande objetivo será ampliar a diferença entre as
receitas apuradas com as vendas (que devem seguir crescendo vigorosa-
mente) e o desembolso necessário para cobrir as despesas efetuadas
(que podem até crescer à medida que as vendas crescem, porém com
menos força). A abertura da margem de operação do negócio permitirá
ao empreendedor começar a retirar dinheiro do negócio para remunerar seu trabalho, ao que chamamos de *retiradas pró-labore*. Somente
quando o pró-labore já estiver em um nível justo, conforme as condições
do setor e do mercado, é que começará a surgir a possibilidade de pagar
ao empreendedor *juros sobre o capital próprio* empatado no negócio. Aí,
enfim, emergirão os *lucros do negócio*, depois de cobertas todas as despesas, pago o pró-labore dos sócios e remunerado seu capital (ou de ter-
ceiros que tenham capitalizado o negócio).

Nos primeiros tempos, será importante reter e acumular os lucros
gerados, isso por dois motivos louváveis:

1) formar uma reserva de proteção para eventuais períodos futuros de vacas magras (um colchão financeiro de proteção para o
   negócio);

2) acumular um montante para poder colher boas oportunidades
   de expansão e diversificação do negócio logo mais à frente.

122

CAPÍTULO 4 | COMO

Este será o *capital para a multiplicação do negócio* de que trataremos no Capítulo 6.

Avante! Como identificar se já chegou a hora de expandir? Como conduzir a transição para um negócio maior, mais complexo e ainda mais lucrativo? As dores e preocupações do crescimento não serão poucas, mas este é o tipo de "problema bom" que todo empresário de sucesso deseja ter. Neste momento de primeiros passos, não vale mesmo a pena gastar tempo e energia pensando nesse glorioso dia da "multiplicação dos pães". Sonhar com ele, tudo bem. Planejá-lo já é coisa para se começar a fazer assim que seu negócio chegar ao ponto de gerar lucros recorrentes, mês após mês, mostrando uma invejável saúde financeira que, no fundo, é fruto de um modelo de negócio vitorioso, testado e aprovado e que somente então passa a ganhar a chance de ser ampliado e replicado, talvez com franquias. Mas muita calma nessa hora: primeiro, as primeiras coisas!

VAMOS FATURAR!

Você já chegou à conclusão de *o que* deve fazer em termos de um negócio próprio? Você já se sente seguro de *como* conduzir as coisas em seu projeto empreendedor? Parabéns, creio que você já agarrou com as próprias mãos uma imperdível **OPORTUNIDADE** para empreender! Então, segure firme aí seu **TALENTO** e vamos nos aprofundar no próximo elemento vital rumo ao seu **SUCESSO**: os **RECURSOS** para fazer o que tem de ser feito em seu negócio, ou seja, *com quem* e *com quanto* fazer tudo o que tem de ser feito. E boa **S.O.R.T.E.** para você!

S.O.R.T.E. NOS NEGÓCIOS | PARTE III

RECURSOS:
com quem + com quanto

S.O.R.T.E. NOS NEGÓCIOS | PARTE III

RECURSOS: COM QUEM + COM QUANTO

RECURSOS: COM QUEM E COM QUANTO VOCÊ IRÁ EMPREENDER
Quais os principais recursos que você precisará ter em mãos para levar seu projeto de negócio próprio até a fase da consolidação?

CAPÍTULO 5 | COM QUEM

PROFISSIONAL-EMPRESA: VOCÊ + VOCÊ MESMO + VOCÊ PRÓPRIO!
Você se considera um empreendedor completo o suficiente a ponto de poder escolher atuar como profissional-empresa?

SÓCIOS: UNINDO FORÇAS COM OUTROS EMPREENDEDORES
O que um ou mais sócios profissionais podem agregar ao seu projeto? Como dividir as responsabilidades e os ganhos do negócio com seus sócios?

COLABORADORES: BRAÇOS, CÉREBROS E CORAÇÕES PARA SEU NEGÓCIO
Caso precise de mais recursos humanos além dos seus próprios, como angariar colaboradores? Quais os modelos disponíveis no mercado?

COLABORADORES: SABER DELEGAR PARA EXTRAIR O MELHOR DO TIME!
Como gerenciar funcionários, autônomos e fornecedores PJs? Como relacionar-se com seus colaboradores para garantir maior produtividade?

CAPÍTULO 6 | COM QUANTO

RESPALDO FINANCEIRO PARA GARANTIR SEU PROJETO
Como planejar e acumular as reservas necessárias para garantir que a grana será suficiente até a consolidação de seu sucesso empreendedor?

O CAPITAL INICIAL DE *LANÇAMENTO* DO NEGÓCIO
Como planejar o capital inicial para poder dar conta das necessidades financeiras durante a montagem e inauguração de seu negócio?

O CAPITAL DE *SUSTENTAÇÃO* E *EQUILÍBRIO* DO NEGÓCIO
Como planejar o capital de sustentação de seu negócio para que, estando a empresa aberta, ela atinja seu ponto de equilíbrio com tranquilidade?

O CAPITAL PARA A *MULTIPLICAÇÃO* DO NEGÓCIO
Uma vez que seu negócio próprio estiver consolidado, como planejar a disponibilidade do capital necessário para expandi-lo e multiplicá-lo?

S.O.R.T.E. NOS NEGÓCIOS | PARTE III

RECURSOS:
COM QUEM + COM QUANTO

RECURSOS: COM QUEM E COM QUANTO VOCÊ IRÁ EMPREENDER

Quais os principais recursos que você precisará ter em mãos para levar seu projeto de negócio próprio até a fase da consolidação?

Recursos para empreender. Não haverá bom atirador se não houver bala na agulha. Por mais genial que o empreendedor seja, ele não será milagreiro. Um novo empresário precisará de gente, de instalações, de mercadorias e suprimentos, de caixa e de tecnologia para fazer seu negócio virar. Para a maior parte das pessoas que tentarão colocar um novo negócio de pé, *recursos* são um assunto delicado, devido à óbvia escassez e às limitações daquilo que se tem à disposição na largada. Aqui vai um consolo: como negócios bem-sucedidos estarão *sempre* trabalhando com desafios um nível acima de suas possibilidades — estarão traçando sem cessar objetivos que superam os recursos disponíveis, independente de faturarem milhares ou milhões —, é bom mesmo que nasça, imediatamente, a cultura da gestão "guerreira" dos recursos. Essa é a beleza da natureza do trabalho do empreendedor de sucesso: do pouco extrair o muito; da escassez fazer surgir a fartura!

Recursos: *com quem* empreender? Você pretende atuar como profissional-empresa? Pensa em contar com a ajuda de um ou mais sócios? Considera a hipótese de contratar colaboradores? Uma coisa é fato: sem gente (e boa!) para trabalhar, não haverá negócio! A experiência de muitos anos empreendendo e analisando os mais diversos casos de empreendedorismo me levou a uma das mais óbvias e fundamentais constatações que já pude fazer nessa área: para conquistar sucesso no negócio próprio, os *recursos humanos* serão sempre mais importantes que os recursos materiais, financeiros ou tecnológicos. E por um motivo simples: são os profissionais da empresa, os recursos humanos, que *arrecadam, combinam, gerenciam* e *criam* todos os demais recursos na direção dos resultados almejados. Já pude observar diversos casos de novos negócios que começaram muito bem capitalizados, com estrutura física invejável, recursos tecnológicos de última geração, mas não evoluíram positivamente por problemas relacionados a recursos humanos deficientes, profissionais com defasagens, equipes dessincronizadas... Empreendedor: cuide direito do que há de *gente* no seu negócio e tudo o mais florescerá!

Recursos: *com quanto* empreender? Você sabe quais serão *os capitais necessários* para fazer seu novo negócio deslanchar? Quando o assunto é negócio próprio, a quantia certa de dinheiro poderá comprar "felicidade", sim, ou seja, seu capital empresarial poderá lhe ser muito útil para adquirir as condições necessárias para fazer o que tem de ser feito, e benfeito. O dinheiro, em si, não é uma força concreta, mas ele pode adquirir recursos materiais dos melhores, recursos tecnológicos dos mais evoluídos, e também permitirá ao empreendedor contratar e motivar recursos humanos de alta performance, e/ou desenvolver os recursos humanos existentes para extrair deles maior eficácia e produtividade (oferecendo treinamento contínuo de boa qualidade a você próprio e sua eventual equipe). De uma forma geral, dinheiro é o poder que lhe permitirá comprar boas condições para seu negócio, boas chances de ele dar certo. E uma vez que o negócio estiver em andamento, o "novo dinheiro fabricado" (lucros = receitas – despesas) será um bom medidor da performance do seu negócio. Não se engane: para fazer negócio, é necessário dinheiro... e negócio bom (acertado e bem tocado) faz dinheiro! Pode ser mais, pode ser menos, conforme o ramo, a região e a época, mas a grana sempre volta em quantias bem razoáveis num negócio de sucesso.

VAMOS FATURAR!

Se você já está confortável no que diz respeito a *com quem* fazer as coisas em seu projeto empreendedor e se já está devidamente planejado para saber *com quanto* fazer tudo o que tem de ser feito, talvez possa dispensar a leitura desta seção do livro. Do contrário, recomendo que colha nas próximas páginas boas orientações para amadurecer sua decisão de se estabelecer por conta própria, explorando seu **TALENTO** através das grandes possibilidades dos **RECURSOS** que estão a sua disposição, assim aumentando suas chances de **SUCESSO**! E boa **S.O.R.T.E.** para você!

CAPÍTULO 5 | COM QUEM

PROFISSIONAL-EMPRESA: VOCÊ + VOCÊ MESMO + VOCÊ PRÓPRIO!
Você se considera um empreendedor completo o suficiente a ponto de poder escolher atuar como profissional-empresa?

Carreira solo. Muitos negócios de sucesso nascerão com um único recurso humano: o próprio empreendedor. Alguns irão crescer e prosperar assim mesmo, funcionando sempre no modelo profissional-empresa. Na largada, é comum o dono do negócio não ter recursos financeiros para contratar colaboradores, encarando sozinho "a bronca" de ponta a ponta. Depois, dependendo da dinâmica do negócio, às vezes, acaba nem fazendo sentido contar com uma equipe expressiva, além do próprio profissional-empresa. Esse é o caso, por exemplo, de um escritório de perícias em uma área técnica ultra-avançada que, para funcionar, precisa, essencialmente, do perito.

Para que a dinâmica profissional-empresa funcione em seu negócio próprio, o empreendedor precisará de dois tipos de bagagem (conjunto de conhecimentos, experiências, vivência...):

1) **Bagagem técnica específica do segmento (visão túnel):** é a indispensável destreza sobre a atividade profissional em si, sua dinâmica de mercado e como desenvolvê-la no dia a dia. Por exemplo: o engenheiro civil, ex-funcionário de uma empreiteira de médio porte que entende tudo sobre reformas de grandes estruturas e agora pretende transformar-se em consultor técnico independente na área. Ou então o profissional de marketing, profundo especialista em mídias digitais, ex-colaborador de uma grande agência de propaganda, e que agora pretende se lançar com sua agência digital superenxuta e competitiva (tendo, essencialmente, ele mesmo — e seu talento — a agregar). É esse o tipo de bagagem que a maior parte dos novos empreendedores tem, e o erro é achar que ele é mais importante do que o resto ou que será suficiente para o profissional se estabelecer por conta própria. Seguramente temos aqui algo de muito valor que, porém, não resultará em uma empresa bem estabelecida se não estiver amparado por uma considerável bagagem de negócios.

2) **Bagagem de negócios (visão 360º):** é a destreza para planejar, montar, estabilizar, solidificar e expandir seu negócio próprio, seja qual for a área escolhida. Esta é justamente a **S.O.R.T.E.** que espero estar transmitindo a você neste livro. Ao tomar contato com todo o conteúdo aqui exposto, você compreenderá tudo o que deverá fazer parte de sua bagagem de negócios e terá então duas opções: agregar tudo isso em um único profissional em sua empresa, você mesmo, ou contar complementarmente com sócios e/ou colaboradores. Lembre-se: sozinho a gente fica mais leve e vai mais rápido, porém bem acompanhado a gente chega mais longe, e esta é uma verdade inescapável também no mundo dos negócios próprios.

Hard + soft skills = **equilíbrio!** Em qualquer caso, vale lembrar que o empreendedor de sucesso deve se esforçar para equilibrar de forma bem balanceada dois tipos essenciais de habilidades em sua bagagem. De um lado, devem estar as *habilidades técnicas* (sejam técnicas do setor, mais fechadas, ou técnicas do mundo dos negócios,

CAPÍTULO 5 | COM QUEM

mais abrangentes), que são qualificações mais objetivas que estão no centro da atividade de todo empreendedor, dando solidez ou "dureza" ao negócio (por isso são chamadas de *hard skills* em inglês). De outro lado, no entorno das *hard skills*, devem estar as habilidades de personalidade e relacionamentos, mais "suaves" (*soft skills*), essenciais para lidar bem com a natural pressão do negócio e com clientes, colaboradores e fornecedores.

Uma outra forma de entender a importância das habilidades equilibradas é descrever as *hard skills* como sendo sua *inteligência científica*, enquanto as *soft skills* estariam mais para o lado de sua *inteligência emocional/relacional*. Este livro se propõe a apresentar um bom pacote de *hard skills* de negócios (**S.O.R.T.E.**) ao profissional que já tem um tanto de *hard skills* técnicas em sua área de atuação (talento profissional), mas também abordaremos as *soft skills* mais importantes para o sucesso do novo empreendedor. Em sua receita de sucesso, estas habilidades têm de estar todas lá: ou todas elas concentradas na figura do próprio empreendedor profissional-empresa ou então espalhadas de forma complementar e harmônica também nas pessoas de seus sócios e colaboradores.

SÓCIOS: UNINDO FORÇAS COM OUTROS EMPREENDEDORES

O que um ou mais sócios profissionais podem agregar ao seu projeto? Como dividir as responsabilidades e os ganhos do negócio com seus sócios?

Baião de dois. Esse é talvez o prato mais popular da culinária típica do Nordeste do Brasil. Trata-se de um bem bolado que combina *arroz* com *feijão* e, eventualmente, traz também carne de sol ou queijo. Inspirada no tradicional ritmo musical nordestino *baião*, a receita funciona porque a mistura é saborosa e "dá sustento", como indica a música *Baião de Dois*, composição de 1950 do sanfoneiro Luiz Gonzaga — o Rei do Baião. Ao estabelecer um negócio próprio, por que não adicionar a essa receita de provável sucesso um sócio? Talvez seja mesmo o caso de

135

reunir um pequeno grupo de profissionais com afinidades, complementaridades e um sonho comum para partilharem o mesmo desafio empreendedor na condição de sócios.

Escolha cirúrgica. Somar esforços sempre parece ser uma boa ideia. Mas com frequência junto com o trigo vem o joio. Numa sociedade profissional somam-se *forças*, é verdade, mas também *fraquezas*, e o lado negativo se tornará o vetor dominante do relacionamento dos sócios se não houver muita comunhão de interesses, paciência e sabedoria na condução dos potenciais conflitos. Por isso, não se deve propor ou aceitar uma sociedade com base em mera empolgação, nem tampouco descartá-la por puro preconceito. Cada sócio em potencial merecerá uma avaliação cuidadosa.

Valores em linha. Se houver discrepância entre os sócios no nível de *valores éticos* e *princípios de vida*, isso, na certa, resultará em conflitos potencialmente irreconciliáveis na condução do negócio. Parceiros de negócio devem compartilhar os mesmos valores, e viver em consonância com eles, para que exista sempre empatia e respeito mútuo. Ao considerar um profissional para sócio, identifique se os valores dessa pessoa estão verdadeiramente alinhados com os seus. Para isso, ajudará ter uma visão muito nítida de quais são seus próprios valores e, acima de tudo, quais deles você pretende que estejam impregnados em seu negócio (conforme o *planejamento estratégico* do negócio, abordado no Capítulo 4).

Lembre-se: valores são fundamentos que afloram e se mostram nas mais variadas atividades da vida da gente. Uma pessoa que adota a centralização de comando como valor na sua vida em família, por exemplo, provavelmente, se revelará mais diretiva (ou até mesmo autoritária) em um relacionamento societário. Um sócio mandão lhe interessa? Talvez até seja o caso, mas pense bem. Outro exemplo: alguém que não se incomoda (aliás, até vê vantagem) ao perceber que o caixa do supermercado acaba de colocar na sacolinha uma mercadoria que, por pura distração, ele não passou no leitor de código de barras poderá mais à frente roubar ao menos "um pouquinho" (a seu favor) nas contas de partilha com o(s) sócio(s). O que você acha disso? Eu penso que com um sócio desses ninguém precisa de concorrente!

Personalidade. Idêntica à gente, nem nossa imagem refletida no espelho! Por que, então, desejar ter um sócio "igualzinho a você"?

CAPÍTULO 5 | COM QUEM

Numa sociedade empresarial, o mais importante não é que ambos tenham o mesmo perfil a oferecer, pelo contrário: personalidades complementares poderão ser muito úteis para a saúde do negócio. O mais importante é que cada um conheça bem a personalidade do outro, saiba respeitá-la, valorizá-la e explorá-la da melhor forma conforme os interesses da empresa. Uma personalidade mais expansiva e carismática pode ser muito conveniente para as atividades comerciais, enquanto uma personalidade mais introspectiva, porém disciplinada e metódica, convém às atividades de controle financeiro. Talvez uma pessoa mais brincalhona seja mais indicada para negociar com um cliente descontraído, enquanto o indivíduo mais sério tem chances de obter melhores resultados negociando com um contratante de postura mais formal.

Amigos, amigos... Os sócios têm de ser amigos? Não há dúvida de que tem de haver entrosamento entre eles, mas uma amizade muito grande pode jogar tanto a favor do sucesso do negócio quanto contra. Bem-querer é salutar quando instiga respeito mútuo, mas onde sobra intimidade pode faltar o devido respeito. Antes de procurar um sócio amigo, procure um sócio ético (na sua visão de mundo), com personalidade complementar e *peso estratégico*: prefira alguém que irá agregar um valor diferenciado às atividades do negócio.

Esse valor distinto do seu sócio pode estar no *capital financeiro* que ele irá trazer ao negócio. Afinal, dinheiro não é tudo para garantir o êxito do projeto, mas sempre conta. Assim como talvez pese o *capital social* do seu potencial sócio: quem ele conhece e onde. Aqui não estou falando de relações escusas, mas de contatos de negócios lícitos e decisivos para fazer seu novo negócio gerar negócios. Pense naquele ex-colega de trabalho de sua última empresa que se tornará seu sócio minoritário, mas continuará trabalhando na tal empresa para garantir o andamento de negócios dela com a nova empresa criada. Desde que essa sociedade seja de conhecimento público, tocada com base em bons princípios éticos e com a concordância dos dirigentes da empresa que antes era sua empregadora, e que agora será sua cliente, por que dispensar um potencial sócio com essa força estratégica?

Marido e mulher sócios. A sociedade em negócios é, por si só, de certa forma, como um casamento. Então, como seria a sociedade com o marido ou a esposa? Como diria o presidente Jânio Quadros,

137

"intimidade costuma gerar filhos" — pitoresco raciocínio que nos pode ser útil, aqui. Vamos encarar a sociedade entre marido e mulher como o desafio de criar filhos: haverá discordâncias, desentendimentos, caras feias e palavras mais ásperas, muitas vezes. Mas, no final da contas, o que há de prevalecer? Isto é o que importará no sucesso do "matrimônio empresarial". Normalmente, um casamento estável produz uma boa sociedade de negócios, e um truque está em não subordinar um sócio ao outro no negócio. Cada qual deverá ter sua área de atuação segregada e irá se reportar ao outro de forma cruzada apenas esporadicamente. Em um negócio próprio, recomendo que um parceiro não seja "simples colaborador" do outro e vice-versa, mas sim que sejam ambos sócios em pé de igualdade, como no casamento que um dia aproximou esses dois.

União pela sobrevivência. No começo de um novo negócio existirão mesmo muitos desafios à frente e deve haver a firme percepção por todos os sócios de que só a coesão nas decisões e a união de forças no dia a dia permitirá transpor as barreiras, sobreviver e triunfar no mercado. Penso que vale a pena, logo no começo do projeto, firmar um *pacto de confiança mútua* entre os sócios: "Eu vou defender os seus interesses acima dos meus próprios interesses quando você estiver ausente." Registre essa afirmação, impressa em letras grandes numa folha de papel sulfite, no número exato de cópias conforme a quantidade de sócios do negócio. Todos devem assinar cada uma das cópias, que serão emolduradas em quadrinhos e penduradas na parede, no ambiente de trabalho de cada sócio. Imagino que, nos momentos de tensão e dúvida, em que a consciência de repente pesar, algo dentro de você (ou de seus sócios) fará com que seus olhos se elevem para a promessa contida nesse trato.

Quanto para cada um? Uma dúvida frequente na formação de novas sociedades empresariais é como obter a distribuição mais equilibrada da *participação societária* entre os diferentes sócios do negócio, e como, a partir daí, fazer uma partilha justa e balanceada dos diferentes frutos financeiros que sua empresa vier a produzir (pró-labores, juros do capital próprio e lucros). Penso que a porcentagem de cada um no contrato social dependerá de quanto este ou aquele agregará em valor financeiro para a empresa. Mas com isso não me refiro apenas ao capital financeiro que cada parte injetou: há pelo menos *quatro diferentes tipos*

CAPÍTULO 5 | COM QUEM

de capitais que devem ser precificados, ainda que de forma aproximada, para que se possa determinar a correta partilha de participação:

1) **Trabalho não remunerado** que cada sócio deverá desenvolver até o ponto de equilíbrio do negócio, ou seja, o quanto cada um deixará de receber em comparação ao que seria uma remuneração justa de mercado para a sua função no negócio (se, por exemplo, um funcionário contratado tivesse de desempenhá-la). Inclui-se aqui também o **trabalho sub-remunerado**, ou seja, a defasagem entre esse valor cheio de remuneração justa e o valor parcial que cada sócio atuante no negócio receberá até que a empresa tenha condições de pagar o pró-labore cheio. Exemplo: o sócio A trabalhará no negócio por 24 meses, até atingirem o ponto de equilíbrio, sem receber nada do justo pró-labore de R$ 5 mil mensais. Só aí calculamos que ele injetará na empresa o equivalente a R$ 120 mil (= R$ 5 mil × 24 meses). Depois, por mais 12 meses após o equilíbrio, receberá apenas metade disso, R$ 2,5 mil mensais, injetando outros R$ 30 mil (= R$ 2,5 mil × 12 meses = R$ 30 mil), para só então passar a receber pró-labore integral. Dessa forma, o sócio A injetará na empresa R$ 150 mil (= R$ 120 mil até o equilíbrio + R$ 30 mil após) com seu trabalho voluntário ou sub-remunerado. Vamos imaginar que o sócio B fará um esforço semelhante, porém com dedicação de apenas meio período ao negócio. Se assim for, o sócio B injetará metade do valor do sócio A, ou R$ 75 mil (= R$ 150 mil / 2) como valor de trabalho no negócio.

2) **Capital social/negocial** é o conjunto de contatos profissionais que cada sócio agrega ao negócio, ou seja, os conhecidos que ele tem no ramo e no mundo dos negócios em geral e através dos quais pode trazer negócios efetivos para a nova empresa. Digamos que o sócio A simplesmente não tenha nada disso, mas o sócio B tenha uma carteira de contatos que é avaliada em algo próximo a R$ 70 mil, valor que ele pode, facilmente, converter em faturamento concreto para o negócio até que ele atinja seu ponto de equilíbrio. O mesmo critério se aplicaria se, por exemplo, um dos sócios já trouxesse

139

para o novo negócio um contrato garantido de R$ 3 mil/mês (líquidos = após impostos): até o ponto de equilíbrio, projetado para 24 meses, esse contrato valeria algo como R$ 72 mil (= R$ 3 mil × 24 meses). Para esse critério, por uma questão de simplificação, estamos supondo que todos os custos da empresa, até ela atingir seu ponto de equilíbrio, são fixos, quer dizer, não sobem com o faturamento. Se houver custos variáveis, que aumentarão à medida que o faturamento crescer, eles deverão ser subtraídos da soma do valor dos contatos ou contratos trazidos pelo sócio que se propõe a injetar capital social/negocial na empresa. Assim, por exemplo, se os custos variáveis do contrato referido acima forem R$ 2 mil, ele deverá contar para a partilha apenas com o valor líquido mensal de R$ 1 mil, e o total de R$ 24 mil (= R$ 1 mil × 24 meses), porque esta será a contribuição financeira desse contrato para o sucesso do negócio.

3) **Capital técnico** é o conhecimento específico de formação no ramo, para trazer *know how* de processos à nova empresa. Imaginemos que o sócio A seja um técnico muito experiente do setor e, portanto, trará uma bagagem técnica estimada em R$ 30 mil que teriam de ser gastos em cursos especializados de formação para que o sócio B, que é um experiente comercialmente no ramo, mas não tem conhecimento técnico, se equiparasse nesse quesito ao sócio A.

4) **Capital financeiro** é o dinheiro vivo efetivamente investido no negócio. Vamos imaginar que, pelo planejamento tático do negócio, esta soma tenha sido projetada em R$ 100 mil e ambos os sócios tenham se prontificado a contribuir com a mesma parcela (R$ 50 mil cada).

Em um exemplo como esse, as contas da partilha na sociedade ficariam desta forma:

CAPÍTULO 5 | COM QUEM

Sócio A: R$ 230 mil
R$ 150 mil (trabalho)
R$ 0 (capital social/negocial)
R$ 30 mil (capital técnico)
R$ 50 mil (capital financeiro)

Sócio B: R$ 197 mil
R$ 75 mil (trabalho)
R$ 72 (capital social/negocial)
R$ 0 mil (capital técnico)
R$ 50 mil (capital financeiro)

Total: R$ 427 mil
Participação do **sócio A** no contrato social: **54%**
Participação do **sócio B** no contrato social: **46%**

Bom para ambas as partes. Esse será um critério de partilha bem ajustado para a distribuição dos eventuais *juros do capital próprio* e dos *lucros* que o negócio vier a gerar no futuro. Dá trabalho, mas o conceito de justiça financeira *efetiva* aqui proposto é bastante salutar e ajudará a sociedade a adquirir equilíbrio e consistência. Naturalmente, será bastante difícil prever com exatidão esses números todos no momento da confecção do contrato social da empresa, antes mesmo da abertura, quando o contador questionará os sócios sobre como eles desejam que seja registrada a participação percentual de cada qual *em contrato*. Sem problemas: nos negócios, quando a exatidão numérica se mostra inatingível na prática (e isto ocorre com relativa frequência), a melhor estimativa possível passa a ser um bom número a seguir. Além disso, caso os sócios entendam ser adequado, podem determinar um prazo, digamos de um ou dois anos após a abertura do negócio, para fazerem a revisão dessas contas. Então eles já terão o histórico dos primeiros meses, com o qual apurarão números verídicos, e poderão providenciar a retificação do contrato social, com participações ajustadas de forma mais precisa (há um custo envolvido nessa alteração, consulte seu contador a este respeito).

Pró-labore justo. A retirada a título de *pró-labore* dependerá sempre de quanto cada sócio trabalha no negócio do ponto de vista *quantitativo* (período integral × parcial), e do ponto de vista *qualitativo* (a função que desempenha no dia a dia, ou seja, quanto um profissional de mercado ganharia para desenvolver o mesmo tipo de trabalho na empresa). Deve-se evitar todo e qualquer tipo de remuneração indireta a todos os sócios — como carro da firma e contas pessoais pagas pelo caixa da empresa —, porque esta prática costuma ser fonte de desentendimentos em momentos críticos do relacionamento dos sócios, justamente porque lhe falta clareza de critério econômico.

Piso de participação. Se a partilha societária, apurada da forma aqui proposta, resultar em menos de 20% para qualquer um dos sócios, penso que a conveniência da sociedade deve ser questionada. No âmbito de um pequeno ou médio negócio, agregar *pouca coisa* pode ser sinônimo, na prática, de não agregar *nada*. Definitivamente, não recomendo que ninguém tenha uma participação muito pequena e, no limite, jamais inferior a 10% em um pequeno negócio. Isso, provavelmente, não há de interessar ao sócio majoritário, porque o outro, na prática, agregará muito pouco; e também não será indicado para o sócio minoritário, que terá seu nome implicado em um negócio sobre o qual ele não terá quase nenhum controle.

The end. Por fim, se os sócios quiserem mesmo fazer a coisa perfeitinha, já no primeiro contrato social da empresa devem estar previstas as hipóteses de saída. Sob que condições um determinado sócio, por exemplo o sócio minoritário B, poderá se retirar do negócio? Quanto lhe caberá receber por sua participação? Qual será o plano de pagamento: à vista ou em prestações? O dinheiro para pagá-lo sairá do caixa da empresa ou direto do bolso do sócio A remanescente? Essa última opção seria a mais indicada, já que a pessoa física sócio A estará, na prática, comprando a participação da pessoa física sócio B, que, nesse momento, se retira da pessoa jurídica da qual era sócio. Conversar sobre esses assuntos logo no começo, assim como discutir a questão de sucessores e herdeiros de cada sócio, pode ser delicado e pode parecer precoce, mas é a receita certa para evitar grandes dores de cabeça lá na frente. Já vi muita confusão por aí e posso afirmar: a briga é feia!

CAPÍTULO 5 | COM QUEM

Enfim... juntos! Para arrematarmos este assunto, eis a "aritmética" que proponho para a formação de uma sociedade empresarial bem-sucedida:

> **SOMAR**: recursos e esforços
> **SUBTRAIR**: limitações pessoais
> **DIVIDIR**: desafios e problemas
> **MULTIPLICAR**: conquistas e resultados

COLABORADORES: BRAÇOS, CÉREBROS E CORAÇÕES PARA SEU NEGÓCIO

Caso precise de mais recursos humanos além dos seus próprios, como angariar colaboradores? Quais os modelos disponíveis no mercado?

Providencial ajuda! Dependendo do *tipo* de negócio (um restaurante, por exemplo) ou do *momento* do negócio (uma consultoria que está expandindo sua carteira de clientes e suas atividades), mais recursos serão necessários, muito especialmente recursos humanos: mais braços, cérebros e corações para ajudar o empreendedor a garantir o sucesso do seu negócio. Nesse caso, existem basicamente três modelos para tentar angariar colaboradores, todos eles muito usados, apresentando seus prós e contras:

- **Funcionários**: o bom de ter colaboradores com registro na carteira de trabalho é que eles são 100% do negócio, estão sempre ali à total disposição do empreendedor (durante seu expediente). Dá para selecionar, contratar e treinar funcionários bem do jeito que você deseja. Sabendo remunerar e motivar adequadamente, vai-se formando a preciosa prata da casa, já que um quadro estável de colaboradores sempre estará

143

A VIRADA NA CARREIRA

associado a um nível elevado de qualidade nos serviços. Mas... essa preciosidade toda tem seu preço: por causa dos encargos, um funcionário lhe custará entre 60% e 100% a mais que o salário-base que você paga a ele todos os meses. (Se houver muitas horas extras, então, o custo final mensal poderá chegar a ainda mais que o dobro do salário; confira com seu contador.)

- **Autônomos:** é possível contratá-los apenas conforme a necessidade, o que parece ser muito conveniente. Mas nem sempre o profissional que você deseja terá disponibilidade no momento exato em que seu negócio precisará dele. Para que a contratação de um autônomo fique regularizada, sua empresa deverá emitir um RPA — Recibo de Pagamento a Autônomo —, no valor entregue ao profissional. Isso representará custo extra para os dois lados. Você, empresário, terá de recolher 20% do valor cheio do RPA por conta de INSS e terá também de reter do trabalhador autônomo outros 11% (total de 31% de INSS). Além disso, o autônomo ficará sujeito à cobrança de Imposto de Renda Retido na Fonte (que sua empresa descontará dele e recolherá à Receita Federal), conforme a tabela do IR (a mesma que tributa os salários de funcionários) vigente à época da contratação. No mais, se você contratar um autônomo com regularidade (todos os meses), isso poderá configurar vínculo empregatício e sujeitará sua empresa a uma futura ação trabalhista. O profissional autônomo poderá alegar perante o juiz do trabalho que ele tinha um emprego disfarçado de relação de autônomo, apenas para que você tivesse encargos menores (e ele, direitos menores). Esse não é um risco desprezível.

- **Colaboradores pessoas jurídicas (PJs):** os chamados "pejotas" são aqueles profissionais que têm uma pessoa jurídica aberta em seu nome e prestam serviços à pessoa jurídica do empreendedor fornecendo a esse último nota fiscal para cada faturamento. Para o contratante, o lado bom é que não há nenhum custo além do valor cheio da nota. Ao fornecedor caberá recolher os impostos que se aplicam a sua pessoa jurídica, conforme cada caso (essa carga tributária é normalmente bem menor que a tabela do IR que onera os salários, acrescida do

INSS). Mais uma vez, o problema das ações trabalhistas nas contratações regulares de PJs é uma ameaça concreta. Se o seu colaborador fornecedor conseguir comprovar na Justiça do Trabalho que a contratação de sua PJ era recorrente e regular (mês após mês, sempre naquele mesmo valor fixo), se ele for capaz de mostrar que respeitava horários estabelecidos pelo empreendedor e respondia hierarquicamente a ele (ou a funcionários de sua empresa), o juiz entenderá que essa contratação era, na realidade, um emprego travestido de fornecimento de PJ para PJ. Aí a pancada no bolso da sua empresa pode ser forte, a conta pode ficar em várias dezenas de milhares de reais, conforme a remuneração e o tempo de contratação do profissional PJ reclamante.

- **Colaboradores avulsos esporádicos**: parentes, amigos e conhecidos podem lhe dar "uma forcinha" de vez em quando e não haverá problema em pagá-los com dinheiro vivo, sem comprovante formal, se estivermos pensando em situações eventuais, com valores pequenos. Na prática, será como tirar esse dinheiro do pequeno caixa da empresa (seu contador lhe dará detalhes a este respeito). Só não deixe a coisa crescer e virar hábito: funcionários *de fato*, porém não devidamente registrados, são a maior dor de cabeça que um empreendedor pode ter perante a Justiça do Trabalho no Brasil. Reforço aqui meu alerta: não se exponha a esse risco!

Legítimos colaboradores! Qualquer que seja o modelo de contratação, pense bem no termo "colaborador" — alguém que *colabora*, mas... colabora com que, mesmo? Essa colaboração só terá valor efetivo se for agregar algo para a *estratégia* do negócio. Seu colaborador deverá colaborar com a *visão*, a *missão* e os *valores* de sua empresa, fazendo isso *a partir da* posição funcional específica que ele ocupará no negócio. Terá de ser como uma peça muito bem encaixada ao quebra-cabeça do seu negócio como um todo, não só da função que ocupará. Digo isso porque a tendência é que o empreendedor selecione seus colaboradores com base nos requisitos *técnicos* da vaga que este profissional ocupará. Agora, de que adianta ser bom na função se o tal colaborador não entender ou não acreditar na estratégia do seu negócio tal qual você, empreendedor, a delineou?

A VIRADA NA CARREIRA

Imagine um cozinheiro que tenha muita experiência em restaurantes e que esteja se oferecendo ao mercado por um salário até bem razoável. Será uma boa contratação para seu *food truck* japonês? Certamente não se, no fundo, ele próprio não acreditar muito na proposta de *food trucks*, não apreciar comida japonesa (apesar até de ter experiência específica como *sushiman*), não for particularmente ágil, nem prezar tanto assim pelo *asseio*, além de ser carrancudo e difícil no *trato com pessoas*. Provavelmente, seria mais indicado para o sucesso da sua empresa um cozinheiro menos experiente, talvez até mais caro, porém mais alinhado com a estratégia do seu negócio. Com a dose certa de treinamento e motivação (um desafio que está à altura de todo empreendedor engajado), em pouco tempo você teria neste colaborador a legítima prata da casa, bem polidinha e brilhando, para fazer seu negócio deslanchar!

COLABORADORES: SABER DELEGAR PARA EXTRAIR O MELHOR DO TIME!

Como gerenciar funcionários, autônomos e fornecedores PJs? Como relacionar-se com seus colaboradores para garantir maior produtividade?

Gestão de impacto no RH! Inúmeros livros já foram e serão escritos sobre técnicas de liderança, motivação e gerenciamento de recursos humanos. Diversos deles — felizmente, não todos — propõem conceitos bonitos de se observar, mas quase impossíveis de se implementar na prática. Para um pequeno ou médio empreendedor, beleza gerencial abstrata não funciona, "poesia" não ajuda a tocar o dia a dia, principalmente com relação a este que é, seguramente, o recurso mais sensível dentre os diferentes tipos (financeiro, material, organizacional...) que todo empreendedor terá de angariar e gerenciar.

Assim, quero me valer da minha vasta *experiência prática* para lhe fazer um alerta bastante pé no chão: o principal gargalo com relação aos colaboradores de pequenos negócios, sejam funcionários registrados (muito próximos) ou "apenas" autônomos ou PJs (naturalmente mais

146

distantes), não está neles mesmos! Quando há problemas com os recursos humanos contratados, é frequentemente o empreendedor que não sabe *delegar* com competência e, assim, não consegue extrair o melhor valor de seus recursos humanos. Depois não vale reclamar que o pessoal é ruim, que não se esforça, que custa caro... Então, se você pretende mesmo ter colaboradores em seu negócio próprio (de alguma forma, em algum modelo de relacionamento formal, você quase sempre os terá), é melhor tratar de ser um craque na *delegação* de tarefas. A partir daí virão os bons resultados almejados, a produtividade desejada, os lucros tão sonhados... e dinheiro mais que suficiente para você remunerar bem esse pessoal tão produtivo, essa equipe tão eficaz, que o ajuda a construir o negócio do seu sucesso.

A Grande Arte! Delegar é a arte de garantir os resultados necessários para o negócio através da boa comunicação entre o empreendedor e seus colaboradores. Mais especificamente, *delegar* é passar uma *tarefa-resultado* a um funcionário da própria empresa (fornecedor interno) ou a um colaborador autônomo ou PJ (fornecedor externo). Todos os profissionais, mesmo os super-heróis do empreendedorismo, têm que delegar, porque seu tempo é limitado e sua capacitação só vai até certo ponto (embora ela possa ser expandida, mas só com o passar do tempo, através de treinamento e qualificação). Cada profissional só pode assumir um certo número de tarefas-resultado no negócio por vez. De um lado, podemos enxergar simplesmente como um *fornecedor* (interno ou externo) o colaborador que assume a responsabilidade de realizar uma determinada tarefa e, mais importante, a responsabilidade por apresentar o *resultado necessário* dessa tarefa. De outro, para que a natureza da relação pessoal no processo de delegação que eu proponho aqui fique bem clara, podemos enxergar simplesmente como *cliente* o empreendedor que está delegando uma determinada *tarefa-resultado*.

Um método para delegar. O empreendedor que deseja ser mestre na arte da delegação deve zelar cuidadosamente por dez aspectos sequenciais do *processo de delegação* (sim, é um "processo", e muito dinâmico):

1) Explicar com clareza *por que* a tarefa tem de ser feita;

2) Explicar por que é *aquele colaborador* em especial que deve fazê-la;

3) Descrever precisamente *o que* deve ser feito na tarefa;

4) Explicar a *importância × urgência* da tarefa perante as demais;

5) Negociar com o colaborador o (provável) *melhor processo;*

6) Dar *treinamento* de capacitação ao colaborador (se necessário);

7) Exigir *comprometimento* para assumir a tarefa de ponta a ponta;

8) Estabelecer *pontos de acompanhamento* com o colaborador;

9) Estimular o colaborador a ter *organização pessoal no trabalho;*

10) Cultivar um *sistema de recompensas* justo e motivante.

Como *não* delegar! Para uma melhor compreensão de como devem funcionar esses dez passos do processo de delegação, vamos analisar de perto o que pode dar errado em cada um deles. Afinal, a delegação *deficiente* ainda é o que mais se vê por aí, um elo fraco da corrente do negócio que impede novos empreendedores de se tornarem legítimos líderes, sem o que não haverá sucesso a contabilizar para nenhum dos lados desta história:

1) **Para começo de conversa, o colaborador (fornecedor) não sabe ou não entende *por que* a tarefa tem que ser feita.**

   A inteligência humana tem dificuldade em se conectar com aquilo em que não vê sentido. Seu bom colaborador não será assim tão colaborativo, a menos que entenda qual é o *resultado necessário* da tarefa, claramente definido por você (o supervisor do seu trabalho) nos três principais parâmetros de *quantidade, qualidade* e *prazo.*

CAPÍTULO 5 | COM QUEM

Exemplo: o dono de uma lanchonete terá dificuldade em manter seu estabelecimento limpo se tão somente passar a instrução da limpeza a seus colaboradores de forma genérica, como uma ordem do tipo "mantenham tudo sempre limpo por aqui". Muito mais eficaz que isso será esclarecer a seus quatro colaboradores (como a equipe é pequena, todos realizarão as tarefas de limpeza em sistema de rodízio, conforme foram informados na contratação) que, por exemplo (é melhor sempre segmentar as tarefas), os dois banheiros (*quantidade*), masculino e feminino, deverão ser higienizados de hora em hora (*prazo*) da abertura ao fechamento da lanchonete, o que resultará em ambientes cheirosos e com aparência organizada, sem papéis e respingos de água no chão (*qualidade*). Pelo fluxo estimado de usuários da lanchonete, o empreendedor acabou concluindo que uma periodicidade maior que essa resultaria em banheiros sujos e desorganizados, proposta incompatível com um dos principais *valores* da empresa, que é a *limpeza*. Isso também não bate com sua *missão*, que é oferecer a experiência mais agradável para o cliente em se tratando de lanches rápidos no bairro. No limite, a não realização desse tipo de tarefa com competência vai contra a particular *visão de negócios* do empreendedor, de tornar-se a maior referência no bairro em termos de sanduíches feitos na chapa.

Explique com clareza *por que* a tarefa tem de ser feita!

2) O colaborador (fornecedor) não sabe por que é ele quem tem que fazer a tarefa.

As *funções básicas* de cada colaborador na empresa (suas responsabilidades fundamentais) devem ser bem delimitadas pelo empreendedor logo na contratação (isso costuma ser chamado de *job description* ou descrição da função). Assim, cada um saberá quais tarefas-resultado deverá, normalmente, desenvolver e por que, sem que precise ser cobrado o tempo todo, muito menos pressionado pelo chefe. No entanto, sabemos que pequenos negócios têm um quadro de pessoal bastante enxuto e os colaboradores devem ser solidários na realização de tarefas que não competem exatamente a este ou àquele, mas que simplesmente *precisam ser realizadas* para o bem do cliente e do próprio negócio.

Exemplo: deve ser dada instrução para que, quando o funcionário for ao banheiro para fazer suas necessidades, ao encontrar papel no chão, primeiro o colete, para só depois prosseguir com seu uso particular do banheiro. O mesmo vale para situações emergenciais, como vômito ou privada entupida, por exemplo. (Sim, é desagradável e o cliente não deve ser exposto a esse tipo de experiência.)

Um funcionário, um autônomo ou mesmo um PJ que "veste a camisa" deverá ter sensibilidade para situações fora do padrão e que demandem sua atenção: se for mesmo proativo, ele fará esse tipo de tarefa antes mesmo que haja uma solicitação específica do dono do negócio. Aliás, cuidado com os *reativos*, cuidado com o empurra-empurra dentro da empresa: o empreendedor deve deixar claro em que hipóteses a *cobertura* de um funcionário por outro deve ser feita e precisa sinalizar que *comodismo* não tem vez no seu negócio.

Explique por que é *aquele colaborador* em especial que deve realizar a tarefa.

3) O colaborador (fornecedor) não sabe ao certo *o que* deve fazer.

O detalhamento dos passos de uma tarefa pode ser necessário para garantir o resultado que deve ser produzido ao final dela. Com o tempo, tudo ficará muito óbvio, mas só porque a boa instrução do passo a passo terá se transformado em hábito.

Exemplo: pode ser muito indicado especificar o passo a passo da tarefa:

1) Pegar carrinho de limpeza no quartinho de manutenção;
2) Começar a limpeza pelo banheiro masculino;
3) Bater à porta do banheiro e certificar-se de que já está vazio;
   (Aguardar o último usuário e prevenir o ingresso de novos usuários estacionando o carrinho bem em frente à porta de entrada.)

CAPÍTULO 5 | COM QUEM

4) Pendurar na porta a placa "Em limpeza. Por favor, aguarde alguns minutos", trancando a porta pelo lado de dentro;

5) Realizar a higienização utilizando equipamentos e produtos do carrinho;

6) Repetir o procedimento no banheiro feminino;

7) Realizar a higiene pessoal completa (conforme manual de instruções) antes de retornar a sua posição no preparo dos alimentos.

Descreva precisamente *o que* deve ser feito na tarefa!

4) O colaborador (fornecedor) julga — erroneamente — que alguma outra tarefa tem maior importância e/ou urgência.

Bom senso ajuda muito na avaliação do que é mais importante e do que é mais urgente a cada momento. O empreendedor sempre espera que todos os seus colaboradores tenham bom senso, mas, às vezes, se esquece de que nem todos são igualmente maduros e experientes, condições que devem estar presentes em alto grau no próprio empreendedor e ser transmitidas ao seu time através da boa comunicação.

Exemplo: é fato que dar um pulinho no supermercado a duas quadras da lanchonete para realizar a compra emergencial de reposição daquele detergente sanitizante que está acabando é muito importante (no limite, não se pode ficar sem o produto na lanchonete) e também urgente (o que se tem em estoque está acabando), mas não se trata de uma tarefa tão urgente quanto limpar (imediatamente!) o "estrago" feito por um cliente que passou mal no banheiro. A prioridade só se inverterá se o tal produto já tiver mesmo acabado, pois ele seria indispensável para essa atividade de limpeza em particular. Havendo dúvida, o colaborador deve buscar orientação de seu empreendedor (ou encarregado) sobre o que fazer primeiro e este deve aproveitar o momento para sinalizar ao funcionário por que sua decisão, nesse caso, se dá, particularmente, daquela forma.

Explique a *importância* × *urgência* da tarefa perante as demais!

5) O colaborador (fornecedor) não sabe, na prática, como fazer, ou no fundo acredita que o método indicado pelo empreendedor (cliente) não funciona, ou pelo menos acredita que o método *dele próprio* é melhor.

Cliente e fornecedor de uma determinada tarefa-resultado devem evitar disputas pessoais em torno do "melhor" método para realizá-la no detalhe. O mais indicado é avaliarem conjuntamente a adequação dos métodos alternativos disponíveis, conforme o provável resultado obtido com cada um deles. Aliás, digo que a escolha do melhor método deve, de preferência, ser feita pelo próprio fornecedor, ou seja, colaborador que vai realizar a tarefa. Afinal, imagina-se que esse profissional tenha qualificação para tanto e, no limite, é sobre ele que recairá a responsabilidade da coisa benfeita... ou não! O empreendedor deve, sempre que possível, evitar delegar o método em si, apenas apontando os *recursos disponíveis* e buscando, junto com o fornecedor, identificar e neutralizar as prováveis *armadilhas* da tarefa, aquelas ocorrências indesejáveis que podem comprometer seu resultado.

Exemplo: intuitivamente, o empreendedor dono da lanchonete costuma orientar seus colaboradores a limpar *primeiro* o chão (que, se estiver molhado e sujo, causará muita má impressão e pode provocar perigosos escorregões e quedas), e *depois* as peças do banheiro, como vasos e pias. Porém, um colaborador em particular crê que é melhor antes de tudo higienizar os vasos sanitários para depois limpar o chão ao redor, uma vez que, ao limpar o vaso, um pouco de produto e/ou água pode acabar escorrendo. Pensando bem, faz sentido: normalmente a higienização de um ambiente deve mesmo ser feita de cima para baixo, em direção ao ralo.

Negocie com o colaborador o (provável) *melhor processo*!

6) O colaborador (fornecedor) não está — ou pelo menos pensa que não está — capacitado para assumir e realizar bem a tarefa.

Normalmente, as atividades que o empreendedor está delegando lhe parecem "óbvias"... só porque ele as conhece bem!

CAPÍTULO 5 | COM QUEM

Talvez o colaborador, mesmo tendo sido bem selecionado, não possua a qualificação necessária para determinada tarefa em especial (ou um conjunto delas). Se houver boa vontade desse profissional para aprender e disposição sua para ensinar (não vá falhar aqui, hein?), tudo pode se resolver com o treinamento adequado ao longo do tempo.

Exemplo: a limpeza do piso dos banheiros costuma ser feita, de acordo com padrões internacionais da boa higienização de ambientes públicos, com aquelas vassouras de grossos cordões, os chamados *mops*. Para quem nunca antes usou um *mop*, a atividade pode ser desastrosa, fica mesmo difícil entender como aquele "troço molengo" pode funcionar. O empreendedor deve, nesse caso, treinar seu colaborador para fazer movimentos em forma de "oito horizontal" (o símbolo do infinito), lançando o *mop* a sua frente e puxando-o em direção a si em movimentos contínuos de "oitos". Após realizar esta atividade repetidas vezes por alguns dias, sendo supervisionado e estimulado pelo empreendedor, o colaborador se sentirá confiante o suficiente de sua capacidade para limpar o chão, e muito bem limpo, utilizando este interessante instrumento de trabalho.

Dê *treinamento* de capacitação ao colaborador (se necessário)!

7) **O colaborador (fornecedor) começa a realizar a tarefa, mas a abandona no meio do caminho.**

Comprometimento é comprometimento e deve ficar claro para seus colaboradores que você espera deles que levem isso 100% a sério. Sempre. Começou, qualquer que sejam as circunstâncias, tem de terminar!

Exemplo: para tarefas rotineiras, como o caso da higienização do banheiro, deve haver um *checklist*. Enquanto um novo colaborador estiver em período de integração, acostumando-se ao intenso ritmo de trabalho de sua lanchonete, faça com que ele dê um visto no *checklist* imediatamente ao final da tarefa, exigindo que ele também apresente o tal do *checklist* a você, para

153

receber seu próprio visto após o dele, assim que o resultado necessário estiver pronto e entregue.

Exija *comprometimento* para assumir a tarefa de ponta a ponta!

8) O colaborador (fornecedor) encontra obstáculos imprevistos, ou simplesmente se desmotiva, interrompendo a tarefa.

O empreendedor bom de delegação deve combinar com seus colaboradores *pontos de acompanhamento e checagem* das tarefas, para conferirem quais etapas já foram cumpridas e quais sub-resultados já foram obtidos, conferindo, assim, se ela está sendo desempenhada progressivamente na quantidade, qualidade e prazo combinados. Isso será mais importante quanto mais complexa for a tarefa e quanto mais dilatado for o prazo para a entrega do resultado necessário da tarefa; mas, mesmo nas mais simples, esse cuidado pode ajudar. Ao se deparar com alguma dificuldade imprevista, o colaborador deve tentar usar sua criatividade e seus recursos disponíveis para superá-la. Não sendo possível, deve buscar imediatamente a ajuda do empreendedor.

Exemplo: pelo menos uma vez a cada período de funcionamento da lanchonete (manhã/tarde/noite) convém que o empreendedor inspecione ele mesmo os banheiros e avalie sua higienização. Talvez ele identifique, por exemplo, que está faltando papel higiênico em uma das cabines. Questionando o colaborador que esteve por último responsável pela tarefa, ele descobre que não há mais papel higiênico no estoque. Nesse momento, ele deve instruir o colaborador de que tal empecilho poderia ser eliminado pelo próprio colaborador, que se dirigiria à venda do outro lado da rua para comprar o material faltante (se tiver autonomia pré-negociada para isso), ou então deveria ter comunicado ao empreendedor para que ele tomasse a providência de compra necessária. Deixar como deixou, sem papel, simplesmente não atendeu ao objetivo de entrega de 100% do resultado necessário e convém que isso não se repita. Não vá pegar pesado com erros pequenos e esporádicos, mas advirta seu colaborador quando não fizer o combinado ou quando seus atos (erros ou omissões) trouxerem repetidas consequências negativas. Se não resolver mesmo, substitua-o, mas pelo menos você o fará de consciência tranquila.

Estabeleça *pontos de acompanhamento* com seu colaborador!

9) **O colaborador (fornecedor) atrapalha-se com suas diversas tarefas.**

Todo profissional precisa entender que hoje trabalhamos em um contexto de *multifuncionalidade*: cada um tem de realizar (e bem!) um conjunto amplo de tarefas distintas. Alguns se tornam preguiçosos diante dessa realidade, mas outros, apesar da boa vontade, ficam "apenas" atrapalhados com tantas coisas para fazer. Nesse caso, cabe ao empreendedor (e ninguém melhor do que ele para saber *quanta coisa* tem de ser feita para o negócio virar) o papel de tranquilizar e orientar seu colaborador afoito: ninguém pode fazer duas coisas (benfeitas) ao mesmo tempo. Portanto, trata-se de enxergar que há uma sequência de atividades que precisam ser desempenhadas numa ordem mais indicada e, até mesmo para ganhar agilidade, cada atividade merece *foco total* quando chega a sua vez de ser realizada.

Exemplo: o colaborador da vez fica afoito por higienizar os sanitários (tarefa que, aliás, ele mesmo não aprecia, mas reconhece que deve ser realizada). Ele começa limpando o chão, mas, daí, larga um trecho do piso para limpar um vaso, e volta ao chão, e volta aos vasos, e interrompe para repor um rolo de papel que viu faltando, e assim vai fazendo tudo o que tem de ser feito, mas de forma esbaforida, agitada, sem foco e com grande perda de produtividade e/ou qualidade.

Estimule o colaborador a ter *organização pessoal no trabalho*!

10) O colaborador (fornecedor) está desmotivado, porque não há um sistema eficaz de recompensas.

Todo bom trabalho deve ser devidamente reconhecido e a recompensa deve vir em pelo menos três importantes sentidos:

1) reconhecimento pessoal;
2) evolução profissional; e
3) remuneração (financeira direta ou indireta, via benefícios).

O bom trabalho merece um bom pacote de recompensas, assim como o baixo nível de entrega e realização deficitária não podem (e não devem!) ser premiados. Aos colaboradores verdadeiramente diferenciados não poupe elogios e palavras de incentivo, ofereça oportunidades concretas de crescimento na empresa, pague bem (acima da média do seu mercado) e dê o máximo que puder em termos de benefícios (são "detalhes" que geram fidelização). Tudo isso, reconheço, pode custar um bom tanto de esforço e dinheiro do empreendedor, mas uma equipe motivada para a alta performance é uma força que nenhum dono de negócio de sucesso crescente pode dispensar.
Exemplo: o colaborador que, reconhecidamente, melhor limpa os banheiros da lanchonete pode ser estimulado com um gesto simples, como ganhar um bom vidro de perfume ou um vale-presente para trocar em uma loja de cosméticos e artigos de beleza ou, quem sabe, em um bom cabeleireiro ou centro de estética facial e corporal.

Cultive um *sistema de recompensas* justo e motivante!

Firmeza! Esse processo de delegação que lhe sugiro aqui é sistemático, muito organizado e, sinceramente falando, foge bastante do padrão de condução do trabalho ao qual um típico trabalhador brasileiro está acostumado. Na média, em nosso país, o trabalho ainda é, infelizmente, tocado muito na base do improviso, do "jeitinho", do "jogo de cintura" e, por vezes, da enrolação mesmo! Depois ficamos invejando a produtividade dos alemães, dos japoneses... Se você encontrar resistência inicial para implementar esse tipo de processo em sua empresa, recomendo

CAPÍTULO 5 | COM QUEM

altas doses de paciência e perseverança. Tenha sensibilidade para não ser ditatorial, porém mantenha-se com mão firme para conduzir a liderança efetiva do *seu* negócio, pautando o dia a dia pelo caminho que *você* acredita que tudo deve seguir. Afinal, este será um *bom* caminho, o *melhor* caminho (ou algo parecido com isso), se você estiver adequadamente preparado, com a dose certa de **S.O.R.T.E.** adicionada ao seu talento profissional.

Mesmo considerando toda essa firmeza de propósito necessária, sugiro que o processo de delegação em sua empresa não seja essencialmente *impositivo*, mas *negociado*. O melhor da capacidade de contribuição de cada colaborador não está em seus braços ou em sua cabeça, mas em seu coração; e esse só pode ser acessado com uma relação de legítimo respeito, cooperação e serviço mútuo entre o líder e seus liderados. Pensando nisso, com o tempo, convide colaboradores verdadeiramente bons a participarem das eventuais revisões de estratégia do negócio, alimentando, assim, o ciclo virtuoso de crescimento e desenvolvimento da sua empresa. Este *empoderamento* será sempre muito bem recebido pelos colaboradores mais dinâmicos que, como já pude lhe sugerir aqui, talvez venham a se tornar seus sócios no futuro.

CAPÍTULO 6 | COM QUANTO

RESPALDO FINANCEIRO PARA GARANTIR SEU PROJETO

Como planejar e acumular as reservas necessárias para garantir que a grana será suficiente até a consolidação de seu sucesso empreendedor?

Como diria Marx: *Das Kapital*! No Capítulo 2 eu lhe mostrei como calcular o *capital de sustentação pessoal do empreendedor*, a reserva financeira que dará cobertura às necessidades pessoais do dono do negócio (e sua família) enquanto a empresa vai caminhando rumo ao tão desejado ponto de equilíbrio financeiro. Agora, iremos tratar do capital que deverá ser aportado no negócio em si. Aliás, "os capitais", porque são pelo menos *três diferentes reservas* das quais o empreendedor deverá dispor para injetar em seu negócio se quiser lançá-lo, equilibrá-lo e multiplicá-lo com sucesso. Para calcular direito e poupar previamente estas reservas, o empreendedor precisará valer-se do bom *planejamento financeiro*. Aliás, vá se acostumando: *planejamento financeiro* deverá ser uma constante na vida do empreendedor. Isso se aplica a qualquer empreendedor, de qualquer ramo e de qualquer porte. Afinal, o *dinheiro* é a linguagem universal dos negócios e o planejamento financeiro é a forma culta e bela de se expressar de maneira eficaz nesse "idioma".

CAPÍTULO 6 | COM QUANTO

Uma boa bolada! Não se iluda: para montar seu negócio próprio, será quase sempre necessário um volume expressivo de recursos financeiros. A magnitude correta deste capital todo pode até variar conforme o ramo escolhido e plano de negócio específico desenhado, mas trata-se sempre de um dinheiro "pesado" para as possibilidades normais de uma simples pessoa física. E de onde virá essa expressiva, porém indispensável, soma? Existem diferentes fontes e creio que todas devam ser consideradas de forma responsável:

- **Dinheiro próprio.** O capital do negócio poderá ter origem em aplicações financeiras de que você já disponha (poupança, CDBS, LCIS, LCAS, fundos, títulos do Tesouro ou previdência privada) e que serão então destinadas a esse nobre fim de transformar você em um empresário. Esse capital também poderá vir da verba rescisória de seu atual emprego e/ou do saldo do seu FGTS (com multa de 40%, se for demitido sem justa causa). Uma doação feita pelo pai, pela mãe ou por uma tia endinheirada é coisa rara (quase cena de novela), mas não se envergonhe de contar com uma providencial ajuda dessas, se disponível. É lógico que você poderá vender bens de maior valor como joias, automóveis e até mesmo um imóvel para levantar o capital requerido por seu negócio. Afinal, são sacrifícios temporários que poderão ser tremendamente bem recompensados com o passar dos anos.

- **Dinheiro de banco ou financeira.** Tome cuidado para não "queimar" seu carro precipitadamente e, logo mais à frente, acabar descobrindo que na prática não consegue viver sem ele (não consegue nem *trabalhar* sem ele). Daí você acabará apelando emergencialmente para um novo financiamento de automóvel, o que implicará em pagamento de juros. Também é bastante arriscado vender sua casa própria e passar a morar de aluguel (se bem que já tive conhecimento de histórias dessas que deram certo). Acredito que essa estratégia é bem mais aceitável no caso de um imóvel de lazer (que poderá ser reposto no futuro). Muita cautela se lhe sugerirem refinanciar seu imóvel (possível para quem tem casa própria quitada), levantando assim uma grana importante para o negócio: a operação existe,

159

A VIRADA NA CARREIRA

é válida, os juros até que são comedidos (a partir de 2% ao mês) e você continuará morando onde mora hoje. No entanto, a operação envolve o pagamento de juros (que são expressivos, não por causa da taxa baixa, mas por causa do alto valor tomado), e a eventual inadimplência certamente resultará na perda do imóvel. Por fim, esqueça os empréstimos pessoais (grana rápida e fácil, mas muito cara!) e nem sequer cogite usar seu cheque especial ou o rotativo do seu cartão de crédito (como veremos no Capítulo 8).

- **Dinheiro de sócio.** Juntar-se a um ou mais sócios capitalistas, que injetarão a maior parte da grana no negócio, poderá ser uma saída inteligente para capitalizar sua empresa. É muito comum a situação de um profissional que tem um talento diferenciado, tem tino para negócios e até já se qualificou para atuar como empreendedor, mas não tem a grana suficiente para bancar o negócio. Daí entra o capitalista: na maior parte das vezes ele não tem tempo e/ou conhecimento para tocar o negócio, mas tem a grana e quer multiplicá-la. Pode dar bem certo, desde que as expectativas de retorno de ambas as partes fiquem bem claras e a partilha de responsabilidades e resultados do negócio seja feita de forma clara e justa (conforme discutimos no Capítulo 5).

- **Dinheiro do governo.** Sim, há programas especiais dos governos federal, estaduais e municipais para fornecer capital a novos empreendedores. No entanto, esses programas são tão esporádicos, tão mutantes e tão particularizados quanto a seu acesso que fica difícil apresentá-los em um livro. De qualquer forma, vale questionar seu banco se porventura essa instituição atua como intermediária ou representante de alguma linha governamental que possa contemplar seu negócio (não é fácil conseguir isso, mas, quando se consegue, as taxas de juros costumam ser convidativas). Um recurso interessante parece ser o tal Cartão BNDES. Trata-se de um cartão de crédito para pessoas jurídicas (precisa ter CNPJ, ou seja, sua firma já tem de estar aberta), que permite parcelar compras de produtos e equipamentos para seu negócio em até 48 vezes. A taxa de juros do

Cartão BNDES é baseada na rentabilidade da LTN — Letra do Tesouro Nacional, hoje, em torno de 1% ao mês. A taxa atualizada é divulgada todo começo de mês no site www.cartaobndes.gov.br. O empreendedor só pagará juros pelo valor que usar, ou seja, pelas compras que fizer, mesmo que o limite aprovado seja bem maior (o teto é alto, de R$ 1 milhão). Informe-se com o gerente da sua conta bancária de pessoa jurídica.

- **Dinheiro de economias.** Se não tiver mesmo a grana pronta, nem de onde puxá-la rapidamente, você terá de acumulá-la através de um bom plano de economias, poupança e investimentos, executado durante um certo espaço de tempo *antes* de acionar seu projeto empreendedor. Isso irá retardar um pouco (talvez anos) a concretização de seu sonho empreendedor, mas uma coisa é fato: começar sem a soma necessária será arriscado demais. Por exemplo: imaginemos que seu projeto de negócio próprio demande uma soma total de R$ 300 mil, o suficiente para iniciar e tocar uma boa franquia na área de alimentação até o equilíbrio. É uma quantia expressiva, mas um bom plano de acumulação fará você chegar lá. Se começar hoje a aplicar R$ 3 mil por mês em uma aplicação financeira com perfil dinâmico, conseguirá acumular esta quantia em cerca de seis anos. Se puder esperar por um prazo maior, é lógico, o esforço poupador mensal poderá ser menor. Se o seu horizonte de investimento for ainda maior, o esforço ficará inclusive mais acessível. Digamos que você queira realizar o sonho do negócio próprio, daqui a 15 anos, em sua aposentadoria. Bastarão R$ 1.200 mensais depositados em um bom plano de previdência privada dinâmico, por exemplo, para ter a quantia completa dos R$ 300 mil, inclusive atualizados pela inflação acumulada nesses 15 anos, para manter lá na frente o poder de fogo do dinheiro acumulado.

A VIRADA NA CARREIRA

O CAPITAL INICIAL DE *LANÇAMENTO* DO NEGÓCIO

Como planejar o capital inicial para poder dar conta das necessidades financeiras durante a montagem e inauguração de seu negócio?

Objetivos e metas. Você deve se lembrar do planejamento tático de que tratamos no Capítulo 4, aquele que o empreendedor deve traçar na Fase II: Planejamento Tático e Montagem do Negócio. Ressalto que ele deve cobrir *todas* as providências necessárias para o período que vai desde a primeira ideia de lançar o negócio até a abertura das portas da sua empresa, apresentando sempre *objetivos* a serem alcançados (mais amplos) e *metas* a serem atingidas (mais específicas). Cada meta deve prever o recurso financeiro a ser consumido em sua execução e a soma dos recursos necessários para todas as metas, de todos os objetivos do planejamento tático da empresa, corresponderá ao *capital inicial de lançamento do negócio*.

Apenas refrescando sua memória sobre os requisitos de planejamento de um dos objetivos importantes que todo lançamento de negócio deve contemplar, veja este exemplo da questão da marca registrada: somando-se os recursos financeiros da meta 1 (R$ 20) com os da meta 2 (R$ 800) e da meta 3 (R$ 1.200), apuramos que somente esse objetivo consumirá, aproximadamente, R$ 2.020 no lançamento do negócio.

- **Objetivo**: ter uma marca registrada para dar identidade ao negócio;
  ... esse objetivo remeteria imediatamente a um conjunto de metas:

- **Meta 1**:
  resultado = imaginar possibilidades de nomes e desenhos + pesquisar o que já existe × descobrir o que parece ainda não ter sido criado de semelhante e que portanto estaria disponível, para escolher três opções de grande apelo;
  recursos financeiros = R$ 20 para comprar uma revista especializada.

- **Meta 2**:
  resultado = obter um estudo profissional do nome, bem como um *design* elaborado do logotipo (para mídias impressas e digitais) e ainda uma estratégia de divulgação inicial da marca;
  recursos financeiros = verba total requisitada de R$ 800.

CAPÍTULO 6 | COM QUANTO

- **Meta 3:**
  resultado = registrar a marca no órgão competente;
  recursos financeiros = verba imediata requisitada de R$ 1.200 (mais R$ 2 mil necessários em até dois anos).

Até inaugurar... Os principais objetivos de um plano tático para montar seu negócio variam bastante conforme o setor, o formato do negócio e a região onde será instalado. De qualquer forma, veja aqui uma lista de grandes objetivos que normalmente aparecem nessa fase (procure ticar aqueles que você acredita que farão parte do seu projeto específico):

- Comprar/alugar a sede do negócio (escritório, loja ou galpão);
- Reformar e mobiliar a sede, a parte externa e a interna;
- Adquirir uma ou mais máquinas;
- Adquirir veículo(s) para transportar mercadorias e equipamentos;
- Ter a empresa legalmente constituída ante os órgãos competentes;
- Ter uma marca registrada para dar identidade ao negócio;
- Selecionar a melhor franqueadora e pagar a taxa de franquia;
- Abastecer o negócio com o estoque inicial;
- Contratar e treinar os primeiros colaboradores;
- Promover uma campanha de lançamento no mercado;
- Promover uma festa/evento de inauguração.

Calibragem. Imagine o quanto pode atingir a soma de todo o dinheiro que terá de ser gasto, considerando todas as metas de todos os objetivos da fase de pré-abertura, ou seja, considerando todo o planejamento tático da montagem do negócio. É provável que estejamos falando aqui de dezenas, ou mesmo centenas, de milhares de reais, e essa soma final deve se manter dentro dos limites dos recursos financeiros acessíveis ao empreendedor para tocar o projeto. Se o planejamento indicar que as necessidades irão extrapolar os recursos, será necessário fazer ajustes até que tudo caiba nas suas reais possibilidades. Repito: não se paga conta de duzentos com nota de cem! Esse é justamente o senso de realismo ao qual o bom planejamento convida todo empreendedor: você se verá "forçado" a lidar com as restrições financeiras antes que elas se imponham na prática e assim terá de resolver os problemas e superar os desafios enquanto eles ainda estão apenas "no papel". Ainda bem, porque aí haverá tempo de buscar alternativas e resolver tudo antecipadamente da melhor forma!

Imprecisão e margem de segurança. Estimar o capital inicial (bem como o capital de sustentação do negócio e o capital necessário para sua expansão) é, em sua essência, um exercício de planejamento, uma tentativa de predição do futuro. Portanto, requer que se levantem hipóteses sobre o que deverá acontecer na prática, quando a prática, finalmente, começar a acontecer. Daí sempre advirá algum risco de que os resultados imaginados não venham a conferir exatamente com o que acabou se verificando de fato na evolução dos acontecimentos. Tudo bem: planejar não deve ser a arte de ditar um roteiro para o futuro, mas visa "apenas" preparar o empreendedor da melhor forma para encarar o porvir... e isso já lhe será de grande valor!

Se o seu planejamento for feito com sensatez e responsabilidade, inclusive com uma margem de segurança razoável, será possível servir-se dele como um confiável guia de conduta e tomada de decisões quando for lançar, estabilizar e multiplicar seu negócio próprio. Recomendo que a "folga" planejada seja sempre de 20% sobre qualquer valor estimado. Se não precisar gastar esse dinheiro a mais logo no lançamento, ótimo, sobrará mais para a fase seguinte. Se, porventura, precisar, porque na prática os gastos de abertura acabaram sendo mais elevados do que o inicialmente imaginado, ótimo também, pois a grana já estará lá, bonitinha, esperando o propósito para o qual foi separada.

O CAPITAL DE *SUSTENTAÇÃO* E *EQUILÍBRIO* DO NEGÓCIO

Como planejar o capital de sustentação de seu negócio para que, estando a empresa aberta, ela atinja seu ponto de equilíbrio com tranquilidade?

Fôlego. O *capital de sustentação e equilíbrio do negócio* corresponde à reserva necessária para bancar os naturais meses de vendas ainda fracas nos primeiros tempos, até que seu negócio se fortaleça e as receitas passem pelo menos a empatar com as despesas, eliminando a necessidade de injetar novas quantias no negócio todos os meses.

Na ponta do lápis! Para dimensionar tal reserva, elabore uma estimativa realista de quanto seu negócio poderá gerar de *receitas* (dinheiro

CAPÍTULO 6 | COM QUANTO

que *entra*: começa de pouquinho e vai crescendo) e, de outro lado, de *despesas* (dinheiro que *sai*: já começa alto e poderá até crescer com o maior volume de vendas, no caso de um comércio, por exemplo). Compare um lado com o outro e apure a diferença (falta) para cada mês de vida do negócio, desde a abertura até o mês em que finalmente atinge o ponto no qual as receitas e as despesas se igualam e se neutralizam, eliminando a necessidade de colocar mais dinheiro no negócio.

Aqui você precisa ser bem realista, deve colher esses números partindo das melhores estimativas de faturamento e gastos que deverão figurar no planejamento financeiro de seu negócio. Você terá de estimar as faltas de caixa (descasamentos de entradas e saídas) a cada mês, partindo de seu *fluxo de caixa planejado* (mais informações no Capítulo 8). A soma desses descasamentos indicará o tamanho recomendado do capital de sustentação e equilíbrio do negócio. Veja este exemplo de projeção desse capital para um pequeno escritório de uma jovem arquiteta:

mês 1: R$ 0 (receitas)	— R$ 5 mil (despesas)	= R$ 5 mil (falta)
mês 2: R$ 0 (receitas)	— R$ 5 mil (despesas)	= R$ 5 mil (falta)
mês 3: R$ 0 (receitas)	— R$ 5 mil (despesas)	= R$ 5 mil (falta)
mês 4: R$ 1 mil (receitas)	— R$ 5 mil (despesas)	= R$ 4 mil (falta)
mês 5: R$ 2 mil (receitas)	— R$ 5 mil (despesas)	= R$ 3 mil (falta)
mês 6: R$ 2 mil (receitas)	— R$ 5 mil (despesas)	= R$ 3 mil (falta)
mês 7: R$ 2,5 mil (receitas)	— R$ 5 mil (despesas)	= R$ 2,5 mil (falta)
mês 8: R$ 2,5 mil (receitas)	— R$ 5 mil (despesas)	= R$ 2,5 mil (falta)
mês 9: R$ 3 mil (receitas)	— R$ 5 mil (despesas)	= R$ 2 mil (falta)
mês 10: R$ 3 mil (receitas)	— R$ 5 mil (despesas)	= R$ 2 mil (falta)
mês 11: R$ 3 mil (receitas)	— R$ 5 mil (despesas)	= R$ 2 mil (falta)
mês 12: R$ 3 mil (receitas)	— R$ 5 mil (despesas)	= R$ 2 mil (falta)
mês 13: R$ 4 mil (receitas)	— R$ 5,5 mil (despesas)	= R$ 1,5 mil (falta)
mês 14: R$ 5 mil (receitas)	— R$ 6 mil (despesas)	= R$ 1 mil (falta)
mês 15: R$ 6 mil (receitas)	— R$ 7 mil (despesas)	= R$ 1 mil (falta)
mês 16: R$ 6 mil (receitas)	— R$ 7 mil (despesas)	= R$ 1 mil (falta)
mês 17: R$ 6 mil (receitas)	— R$ 7 mil (despesas)	= R$ 1 mil (falta)
mês 18: R$ 7 mil (receitas)	— R$ 7 mil (despesas)	= R$ 0 (zerou!)

Total: R$ 43,5 mil (considerando entradas e saída *efetivas*)

A VIRADA NA CARREIRA

Somando os valores que faltarão até o ponto do equilíbrio, considerando todo o dinheiro que deverá ser injetado no negócio para que ele vá de um mês ao outro sem problema de falta de caixa, chegamos à soma de R$ 43,5 mil, que serão despendidos do lançamento até o equilíbrio do negócio, previsto nesse exemplo para algo por volta do 18º mês, um ano e meio após seu lançamento (esse prazo poderá variar muito de ramo para ramo e de projeto para projeto). Essa quantia de R$ 43,5 mil passa a ser sua melhor estimativa para o capital de sustentação e equilíbrio do negócio. Adicione aí uma margem de segurança de 20%: R$ 43,5 mil + 20% (R$ 8,7 mil) = R$ 52,2 mil. Praticamente R$ 53 mil serão, nesse exemplo, o respaldo financeiro *empresarial* que o empreendedor deverá ter ao lançar o negócio, bancando-o até que sua empresa pare de lhe pedir dinheiro novo.

O CAPITAL PARA A *MULTIPLICAÇÃO* DO NEGÓCIO

Uma vez que seu negócio próprio estiver consolidado, como planejar a disponibilidade do capital necessário para expandi-lo e multiplicá-lo?

Para a frente e para cima! Crescendo, seu negócio sempre deverá estar. A questão é que haverá um momento em que sua empresa ganhará a chance de dar um grande salto: é chegada a hora da expansão, da multiplicação! Não que isso deva preocupá-lo nesse momento, quando a empresa ainda nem bem foi constituída, mas é bom jamais se esquecer de que é para lá que você estará rumando, desde os seus passos mais primordiais. Manter isso sempre em mente, na certa, irá abreviar a chegada desse tão sonhado dia.

Como identificar a hora de crescer? Alguns indicadores do próprio negócio sinalizarão a você que é chegado o momento de ampliar as atividades:

- Se o empreendedor finalmente chegou a um modelo de negócio enxuto e eficaz, do tipo que se pode esperar funcionar com sucesso em outras localidades. Por exemplo, se consumidores e

CAPÍTULO 6 | COM QUANTO

amigos mais próximos, que conhecem mais de perto seu negócio, já lhe sugeriram franquear ou até mesmo lhe propuseram sociedade. É o que Ray Kroc enxergou na lanchonete dos irmãos McDonald.

- Se o modelo obtido na maturidade do negócio pode ser claramente visualizado, de forma organizada, se pode ser colocado preto no branco no papel, em manuais de implementação e operação do negócio. É o que Ray Kroc fez com o negócio dos irmãos McDonald.

- Se tem uma receita pronta, que só precisa de maior quantidade dos mesmos ingredientes para crescer, inclusive aproveitando ganhos de escala na compra de insumos e contratação de fornecedores. (O oposto disso seria estar muito dependente, na maturidade, de conhecimentos e/ou colaboradores altamente complexos e muito difíceis de replicar.) Esse foi o caso da cadeia de lanchonetes McDonald's que Ray Kroc formatou.

- Se está fazendo fila, quase a ponto de se ter de recusarem pedidos! Essa foi a situação na cadeia de lanchonetes McDonald's por várias décadas e ainda é dessa forma em centenas de seus pontos de vendas espalhados pelo mundo.

E a grana? Chegará, enfim, o momento da *oportunidade* para expandir e se multiplicar, e isso pedirá imediatamente uma reserva financeira expressiva: o *capital para a multiplicação do negócio*, seja essa expansão de natureza mais *vertical*, com a ampliação da atual sede, ou uma expansão *horizontal*, com a criação de novas unidades, talvez até mesmo franqueadas. Para calcular a grana necessária nesse ponto você seguirá os mesmos passos de elaboração do planejamento tático que lhe permitiu montar e inaugurar o negócio. Mais uma vez, o empreendedor acabará apurando a necessidade de dezenas ou centenas de milhares de reais, talvez, até mesmo, de *milhões...*

Fontes. Essa pode ser a hora de pesquisar uma linha de crédito governamental ou bancário em condições mais favoráveis, já que então sua empresa será um negócio bem estabelecido, em franca expansão! Também será o momento de considerar o ingresso de um ou mais sócios capitalistas, o que fará você perder alguma(s) fatia(s) do bolo (sua empresa), mas fará o bolo como um todo crescer e passar a valer muito mais. Essa terá sido uma forma de vender por um bom preço um pedaço do negócio, para alçar um patamar de sucesso ainda mais elevado! Melhor mesmo será ter a grana disponível para tirar do próprio bolso, sem ter de abrir mão de nenhuma parcela do sucesso que conquistou e também sem ficar pendurado em banco, ainda que fosse ser por uma boa causa. Por isso, sugiro que, desde os primeiros lucros apurados, uma parte substancial seja aplicada para formar o capital para a multiplicação do negócio. Como empreendedor, aprenda a viver das retiradas pró-labore, não do lucro: deixe que os frutos do seu negócio se transformem em sementes e mudas de novos negócios!

VAMOS FATURAR!

Finalmente, você está seguro de *com quem* deve construir seu caminho rumo ao negócio próprio? Crê mesmo que já identificou com clareza *com quanto* terá de empreender, enxergando as possíveis fontes desses recursos? Parabéns, você pode dizer que agarrou em suas mãos todos os **RECURSOS** necessários! Então, não largue aí de seu **TALENTO** e vamos nos aprofundar no próximo elemento vital rumo ao **SUCESSO**: o **TRABALHO**, ou seja, o esforço de fazer tudo que tem de ser feito para satisfazer e surpreender *seus clientes*, mas também o esforço de trabalhar e fazer o máximo para o bem do *seu próprio negócio*, para que sua empresa cresça, apareça, se consolide e se multiplique! E boa **S.O.R.T.E.** para você!

S.O.R.T.E. NOS NEGÓCIOS | PARTE IV

TRABALHO: PARA QUEM + POR QUEM

TRABALHO: OS DOIS LADOS DESTA PRECIOSA MOEDA NO SEU NEGÓCIO
Todo empreendedor sabe que terá de trabalhar de forma intensa. Mas... como focar este trabalho para que ele assegure o sucesso do negócio?

CAPÍTULO 7 | PARA QUEM: PARA O CLIENTE

TRABALHAR PARA O CLIENTE, SERVI-LO E, TALVEZ, ATÉ MESMO AMÁ-LO!
Quem são os clientes? O que querem? O que podem... e o que não podem?

CAPÍTULO 8 | POR QUEM: PELO NEGÓCIO

GRANA QUE ENTRA × GRANA QUE SAI × GRANA QUE FICA E SOLIDIFICA
Como colocar em prática o planejamento e a gestão financeira estratégica em sua empresa, mesmo sem ser um especialista em números e cifrões?

MAXIMIZANDO SEU FATURAMENTO
O que fazer para garantir que suas vendas andem sempre em bom nível?

POSITIVANDO SEU FLUXO DE CAIXA

Como evitar que exista um descasamento preocupante (e caro de financiar!) entre as entradas e as saídas financeiras de seu negócio?

GARANTINDO SUA LUCRATIVIDADE

Como se assegurar de que você estará realmente trabalhando no azul?

FORMANDO UM PATRIMÔNIO LÍQUIDO POSITIVO

Como garantir que sua empresa acumulará um sólido patrimônio?

ATENÇÃO: CONFUSÃO ENTRE BOLSOS À VISTA!

Como evitar a tradicional (e altamente prejudicial!) mistura entre as finanças da pessoa jurídica e as finanças da pessoa física?

S.O.R.T.E. NOS NEGÓCIOS | PARTE IV

TRABALHO:
PARA QUEM + POR QUEM

TRABALHO: OS DOIS LADOS DESTA PRECIOSA MOEDA NO SEU NEGÓCIO

Todo empreendedor sabe que terá de trabalhar de forma intensa. Mas... como focar este trabalho para que ele assegure o sucesso do negócio?

Trabalho: *os dois lados da moeda*. Trabalho intenso, esforçado, dedicado, quase sem limites de quantidade ou comprometimento. É exatamente isso que o negócio próprio pedirá ao seu fundador, pelo menos nos primeiros tempos. Penso, inclusive, que este será um eterno pacto entre você e seu negócio: você lhe dará trabalho quase sem restrições e sua empresa lhe dará realização e alegria também em doses elevadas. Mas foi-se o tempo em que bastava trabalhar e trabalhar para a coisa dar certo: o trabalho que resultará no sucesso efetivo do seu negócio tem que ser, além de intenso, inteligente e, acima de tudo, muito bem focado. E aqui quero lhe apresentar um duplo foco para cada lágrima de suor que você dedicar ao seu projeto empreendedor: o cliente × o negócio. Trabalhar *para o cliente* parece mesmo algo bastante óbvio, mas... trabalhar *pelo negócio* é uma providência que muitos empreendedores deixam de tomar de maneira verdadeiramente dedicada e profissional. E depois ficam sem entender por que tem tantos clientes, por que trabalham tanto, mas... "o negócio não vai bem"!

Visão túnel. Quando um ex-funcionário de uma empresa se lança como empreendedor em um negócio próprio, ele corre um sério risco: trabalhar demais para o seu cliente, porém dedicar-se de menos ao seu próprio negócio. Não é difícil entender por que isso acontece: na empresa em que ele trabalhava como colaborador, havia uma série de outros profissionais, cada um em sua respectiva área funcional, para cuidar de todas as atividades que a empresa deve necessariamente desenvolver para ser um negócio de sucesso. Qualquer profissional, enquanto trabalha na condição de funcionário de uma empresa, costuma tender a subestimar as *outras* atividades que não são especificamente a sua ou as atividades de seus subordinados. O engenheiro civil responsável por uma obra sabe muito bem qual é seu trabalho, tem excelente visibilidade do desempenho dos mestres de obras e pedreiros que comanda, tem, inclusive, sensibilidade para as funções de cada fornecedor com o qual se relaciona — mas pode acabar subestimando o departamento comercial da empresa, o marketing, o financeiro, o RH. Não que ele ignore por completo a existência dessas atividades: apenas tem a tendência de enxergá-las de longe, como simplesmente acessórias, atividades de segunda importância que gravitam em torno de *sua* própria atividade; essa que seria (aí sim!) a central, a mais agregadora para o cliente, a mais importante.

Erro fatal. Essa visão túnel pode até atrapalhar seu desempenho na empresa que o emprega, porque talvez dificulte seu entrosamento com a equipe gestora e sua colaboração mais efetiva com a visão, a missão e os valores da empresa como um todo (isso, sem dúvida, acabará dificultando, inclusive, sua ascensão para a alta cúpula administrativa da empresa). Mas esse erro talvez não o impeça de continuar sendo um funcionário bem avaliado, destacado naquilo que faz, sobretudo se for oriundo de uma área mais técnica. No entanto, transpor esse mesmo raciocínio para seu negócio próprio pode ser fatal. Uma empresa é uma corrente e só será forte se todos os elos forem fortes. Por isso, o empreendedor deve atribuir ao trabalho de planejamento e gestão das várias áreas de sua empresa como um todo a mesma elevada prioridade que dá ao trabalho desenvolvido diretamente para seus clientes. O trabalho realizado em seu negócio próprio deve ter sempre dois focos bem equilibrados: trabalho para quem - *para o cliente* + trabalho por quem - *pelo negócio*.

Trabalho *para o cliente*. O cliente é, no limite, a razão de o negócio existir. Trabalhar muito — e bem! —, para ele, é algo óbvio. Aliás, a ideia de estabelecer um negócio quase sempre surge de uma necessidade que você (o candidato a empreendedor) observa em um determinado perfil de clientes. Daí, você, com seu talento profissional diferenciado, se imagina habilitado a atender tal necessidade em alto nível, captando esses clientes para sua empresa. É o caso do técnico em informática que trabalhava como funcionário em uma empresa de TI, mas que é constantemente requisitado por amigos, parentes e contatos diversos para "resolver problemas" de manutenção e suporte. Partindo daí, esse profissional imagina que poderia se estabelecer por conta própria, formando uma carteira diversificada de clientes, tanto particulares quanto corporativos, inclusive subcontratando alguns dos seus atuais colegas de empresa que são mais juniores que ele, porém competentes. Essa é uma excelente linha de raciocínio, desde que o empreendedor não se engane e acabe se esquecendo de que, atuando por conta própria, terá de tocar um negócio completo (uma prestadora de serviços de suporte e manutenção em TI), planejando e gerenciando suas diferentes áreas funcionais (Atendimento, Comercial, Marketing, Financeiro, RH), o que vai muito além de "apenas" desenvolver as atividades voltadas para o cliente (dar suporte e manutenção de TI a particulares e empresas).

Trabalho *pelo negócio*. No negócio próprio, trabalho não é só "da porta para fora", ou seja, para o cliente: tem também muito trabalho "da porta para dentro", pelo próprio negócio, para que a empresa se estabeleça, cresça e prospere. No Capítulo 9 trataremos das diferentes áreas funcionais da sua empresa e das principais rotinas de cada área: como empreendedor, você terá de atuar em todas elas. No entanto, existe *uma* destas áreas funcionais cujo planejamento e boa gestão é absolutamente crítico para o bom êxito do seu negócio: a *área financeira*. Repito: os cifrões são a linguagem universal dos negócios. É por ele$$$ que, no final das contas, tudo se resolverá (ou tudo se complicará) em seu negócio. Como já disse, e reafirmo, creio que os recursos *humanos* — não os financeiros — serão aqueles que haverão de desempatar entre o sucesso e o fracasso de seu projeto empreendedor. Mas creio também que, nesse quesito, você — profissional de talento diferenciado — já está suficientemente bem abastecido. Mas... e a questão da *grana*, como é que fica? Se não souber tocar direito, não adianta ter talento, boa proposta de trabalho, estrutura ou mesmo grande demanda: todas essas bênçãos lhe serão de pouco valor sem uma administração financeira competente. É por isso que, no Capítulo 8, me concentrarei especificamente em uma técnica de planejamento e gestão das finanças da sua empresa que pode lhe render ouro. E, veja, não se trata aqui de mera força de expressão da minha parte, não.

VAMOS FATURAR!

Você já se sente seguro quanto a todo o trabalho que deverá executar para atender bem *seus clientes*, fazendo com que eles não apenas busquem sua empresa continuamente, mas também a recomendem? E quanto ao trabalho necessário para o bom planejamento e a gestão eficaz do *seu negócio*? Tudo em cima, aí? Em caso afirmativo, talvez você possa deixar de ler esta seção do livro. Do contrário, recomendo que colha nas próximas páginas boas orientações para amadurecer sua decisão de se estabelecer por conta própria: **TRABALHO** árduo sempre será necessário para transformar seu **TALENTO** em valor agregado, mas esse esforço tem de ser muito bem canalizado, para aumentar de fato suas chances de obter **SUCESSO**! E boa **S.O.R.T.E.** para você!

CAPÍTULO 7 | PARA QUEM: PARA O CLIENTE

TRABALHAR PARA O CLIENTE, SERVI-LO E, TALVEZ, ATÉ MESMO AMÁ-LO!
Quem são os clientes? O que querem? O que podem... e o que não podem?

Sua Majestade, o Cliente! Ele é, sem dúvida, o elemento mais importante, a peça-chave do seu negócio. Se ele não existe, sua empresa não existe. Se ele compra pouco, sua empresa vende mal. Se ele não gosta, sua empresa sofre. Se ele debanda para a concorrência... sua empresa padecerá na sarjeta! No entanto, este capítulo, que trata justamente do trabalho que você terá de realizar para o seu cliente, será o mais curto até aqui. Paradoxal? Esclareço que não. E por dois motivos bem concretos:

1) o livro *todo* tem como objetivo colocar o empreendedor a trabalhar da melhor forma por seu cliente;

2) o trabalho *específico* que você desenvolverá para atender seu cliente, do ponto de vista do teor técnico, irá depender totalmente do ramo selecionado e do formato de negócio escolhido por você.

Neste momento, quero apenas aproveitar para lhe apresentar um pouco de como eu enxergo *a figura do cliente* e como creio que um empreendedor estreante deve lidar com ele para que se tornem "aliados" e, quem sabe, até bons amigos.

Experiência. O mundo em que vivemos já tem de tudo, tudo de essencial já parece ter sido criado, e penso que estamos quase apenas vivendo de variações evolutivas dos mesmos temas. *Drones* para entregas rápidas parecem revolucionários, é verdade, mas nem tanto quando lembramos que eles são um parente transmutado do avião, que já existe há mais de cem anos (para não falar no helicóptero de Da Vinci). Smartphones mais evoluídos e seus acessórios mirabolantes são sedutores, mas aparelhos de celular já existem há mais de vinte anos. Carros híbridos ou elétricos? Muito legal, mas continuam com dois eixos e quatro rodas, como aqueles "bigodinhos" que a Ford já produzia no começo do século passado. Digo tudo isso para demovê-lo da ideia de que você conquistará seu cliente oferecendo qualquer coisa *diferente* para ele: não se trata de oferecer *algo* diferente, mas uma *experiência de compra (e usufruto)* diferente. É aí que você poderá se diferenciar de sua concorrência de forma marcante: nos detalhes da experiência de interação do cliente com sua oferta. Seja obsessivo com detalhes em seu negócio, enxergue tudo o que o cliente poderá enxergar antes que ele o faça, vá lá e corrija, aperfeiçoe, acrescente um toque de graça e genialidade (sempre que puder). Trabalhe incansavelmente para melhorar a experiência de interação com seu cliente a cada dia. Quando a concorrência pensar em fazer algo nesse sentido, que seja porque primeiro observou você fazendo! Passar a ser copiado pode ser um bom indício de que você está com a mão certa para a coisa!

Capriche, mas... Aqui há um perigo: o de você caprichar em tudo partindo do *seu* ponto de vista. Veja, como eu poderia dizer isso de forma... sensível? Esqueça, lá vai: o que você pensa sobre o produto ou o serviço que está oferecendo, as suas necessidades e as suas preferências a respeito, não devem ter *a menor* importância para o seu negócio. Saia do trono e assente nele *o* seu cliente! Em outras palavras, você precisa *conhecer intimamente* seu cliente. O que *ele* quer comprar (tipo, tamanho, cor, quantidade)? Quando? Quanto quer pagar? Como quer pagar? Como vai usar? O que o fará voltar? O que levará seu cliente a indicar você a outros? Sem boas respostas para essas perguntas, você pode estar trabalhando para o cara errado: você mesmo, e não seu cliente.

CAPÍTULO 7 | PARA QUEM: PARA O CLIENTE

Portanto, guie-se por pesquisas de mercado, se tiver acesso a informações atualizadas, relevantes, de boa qualidade (o que não é fácil de encontrar por um valor que o pequeno empreendedor possa pagar). Mas, acima de tudo: "barriga no balcão" e muita *interação* com seu cliente. Observe-o, de longe e de perto. Converse com ele, com ela, com eles e elas, "entreviste-os" de forma sutil, mas sistemática, de um jeito que não se sintam interrogados e ainda assim entreguem a você "o ouro"! Enquanto não tiver aberto seu negócio, ainda na fase de planejamento estratégico, vale bisbilhotar o cliente da concorrência. Frequente os estabelecimentos dos potenciais futuros concorrentes, passe um tempo por lá como se fosse mais um cliente qualquer e preste muita atenção a quem entra, às caras que fazem, ao modo como interagem com a oferta, aos papos, ao que levam na sacola e ao que deixam na loja. Pode ser muito interessante, por exemplo, trabalhar algum tempo como vendedor de um comércio no qual você pretende vir a atuar como empreendedor.

Amigos? Clientes podem ser criaturas doces, alguns, talvez, até tenham "nascido" em seu círculo de relacionamentos e já sejam pessoas queridas ou então se transformaram em seus amigos a partir da relação comercial que os aproximou. Com esse pessoal aí, tudo será sempre fácil e agradável. Mas há também as cascas de ferida. Agora, uma coisa é cliente difícil, outra é cliente impossível. Respeite e valorize um cliente *difícil*, contanto que ele se comunique com você de forma clara e respeitosa (mesmo que seca) sobre seus anseios e suas demandas. Possivelmente existe aí uma oportunidade de evoluir ao tentar superar a dificuldade que o difícil lhe apresenta. Existem "feras" que até vale a pena encarar. Quanto aos *impossíveis* (e tenha muita sabedoria para saber distingui-los dos apenas difíceis), desencane: bote-os para correr o quanto antes. Para cada um que não ama o seu negócio e a sua proposta de trabalho pelos motivos errados haverá outros dez que o amarão pelos motivos certos! Contudo, enquanto aquele um do contra consumir todo o seu tempo e a sua energia que deveriam ser dos dez, estes podem acabar passando despercebidos pela sua porta, indo fazer fila na do concorrente! E você lá, sofrendo na mão do "carrasco"... Chega! Porém nunca, JAMAIS, desrespeite um cliente, nem permita que um colaborador seu o faça, mesmo quando o próprio cliente resolver desrespeitá-los. Nestas horas há que se ter a cabeça no lugar e muito sangue-frio. Na pior das hipóteses, em caso de conflito acirrado, peça o mais educadamente possível que seu cliente se retire, depois de já ter feito por ele tudo o que estava ao seu alcance (às vezes até o impossível). Se a questão for extremada, chame a polícia para garantir sua integridade e a de seus funcionários, mas jamais tente fazer justiça com as próprias mãos diante de um cliente exaltado (ou algo mais do que isso). Você levaria a pior: depois do "escândalo" ele vai para casa relaxar, enquanto você fica ali, com o trauma para administrar perante seus colaboradores e até outros clientes.

O cliente é rei! Hum... não creio que essa seja uma forma muito salutar de colocar a coisa, não. Óbvio que nenhum negócio prospera ou sequer sobrevive sem o apoio constante de seus clientes. Por isso eles devem ser entendidos, respeitados e até mesmo amados, se possível, mas a síndrome do "estou pagando" parece ter contagiado uma parte crescente dos consumidores hoje em dia e todo empreendedor terá de lidar com esse incômodo. Partindo desse raciocínio, o "cliente-rei" pode querer exigir de fato que a empresa exista "só para ele". Isso pode até ficar bonitinho nas campanhas de marketing ("XYZ, uma empresa só para você!"), mas é uma baita mentira. Por mais personalizada e customizada que a oferta seja, a empresa precisa de escala para viabilizar sua operação, já que nenhum cliente sozinho pagará todas as suas contas. Então, na prática, nenhum cliente isoladamente pode querer determinar como as coisas devem ser no seu negócio. Ouça-os muito, demais, porém tente encontrar uma voz uníssona em meio ao seu conjunto de clientes.

Innovation. Isso posto, quero voltar a defender, em prol do próprio empreendedor, a figura do cliente, pincelando agora um assunto que, no meu modo de enxergar os negócios, tem tudo a ver com a figura do cliente: a *inovação*. Levando em conta os livros de empreendedorismo mais vendidos e os gurus de *business* mais famosos, a inovação parece ter se tornado mandatória para quem deseja obter sucesso em seu negócio próprio. Não digo que isso é mentira, mas... ao empreender, recomendo que você tenha certa cautela com os gurus da *innovation*, que leia com alguma reserva seus empolgados artigos e *best-sellers*. Você pode até se motivar, sim, com suas arrebatadoras palestras, mas não se jogue de peito aberto na "aventura da inovação".

Inovar no sentido de buscar incansavelmente formas mais aperfeiçoadas e mais enxutas para fazer mais e melhor por seu negócio e seus clientes? Ora, penso que qualquer analista de negócios concordará que isso sempre foi um imperativo na atividade empreendedora através dos

CAPÍTULO 7 | PARA QUEM: PARA O CLIENTE

séculos. Agora, relaxe: seu negócio não precisa ser necessariamente "diferentão" para emplacar no mercado. Talvez até o contrário: uma certa dose de convencionalismo pode, inclusive, ajudar você a se firmar como empreendedor. Esqueça as peripécias da maçã de Steve Jobs ou os feitos arrojados da Virgin de Sir Richard Branson. A inovação radical, aquela que, aparentemente, cria algo novo e sensacional do nada, é para poucos, bem poucos. Se o seu negócio for essencialmente convencional, porém bem tocado na ponta do lápis, vai lhe dar motivos de sobra para ter clientes satisfeitos com o passar dos anos. Arroz e feijão fresquinho, bem temperado, alimentam melhor que filé mignon de cordeiro flambado no conhaque francês com ervas provençais... porém, queimado no fundo da panela!

Revolution × evolution. A atualização, renovação e remodelação do seu *business* para acompanhar as tendências do seu mercado e estar sempre emparelhado com sua concorrência direta (até mesmo à frente dela, nas raras ocasiões em que lhe for possível) serão um esforço constante, um pensamento desafiador que deve até mesmo agradar o profissional com perfil empreendedor. Mas recomendo como regra de boa conduta empreendedora manter os pés no chão, concentrar-se nas *inovações evolucionárias*, aquelas que levam a algo progressivamente melhor, detalhe por detalhe, dia após dia. Não se preocupe demais com as inovações *revolucionárias*, que propõem um jeito totalmente diferente de fazer algo até então inexistente.

Afinal, você não vai querer competir com Henry Ford ou Bill Gates para ver quem ganhará o troféu de "empresário que mudou o mundo", vai? Bem, se essa for sua missão nesta vida, vá fundo, não dê ouvidos a este pouco pretensioso empreendedor (que, no entanto, contabiliza algum sucesso). Em vez de ser "simplesmente" bem-sucedido, fazendo um uso eficaz da inovação evolutiva, preservando sempre o foco bem ajustado no cliente, será que vale mesmo a pena tentar ser genial e partir para o tudo ou nada da inovação radical? Seu cliente apoiaria seu mergulho no abismo, só porque feito "em seu nome"? Penso que a inovação tem de ser, essencialmente, a mágica do fazer diferente para o cliente, do ponto de vista do cliente, ouvindo o cliente e levando em conta o rumo que o cliente deseja que as coisas tomem nesta história. Mas um tantinho de cada vez, passo a passo, à medida que sua empresa for amadurecendo e seu sucesso empreendedor se consolidando.

CAPÍTULO 8 | POR QUEM: PELO NEGÓCIO

GRANA QUE ENTRA × GRANA QUE SAI × GRANA QUE FICA E SOLIDIFICA
Como colocar em prática o planejamento e a gestão financeira estratégica em sua empresa, mesmo sem ser um especialista em números e cifrões?

Planejamento e gestão das finanças. Eu já lhe disse que *gente* é mais importante que *dinheiro* para o seu negócio, mas se o empreendedor não cuidar muito bem do dinheiro, que é certamente o recurso mais escasso para a maior parte daqueles que se lançam no mundo do *business*, simplesmente não haverá sucesso para as pessoas envolvidas celebrarem. Sucesso empresarial é **invariavelmente** sinônimo de *sucesso financeiro*; jamais poderá haver o primeiro se não houver uma boa dose do segundo. Por isso, conclamo você, aspirante a empresário de sucesso, a trabalhar pelo seu negócio investindo tempo e energia para planejar e gerir as finanças da sua empresa com esmero.

Neste momento, peço que não desanime caso você não seja um profissional da área financeira, nem fique pensando que trabalhar a dimensão financeira do seu negócio tem necessariamente de ser algo tão *difícil* (no começo pode até ser desafiador) ou tão *chato* (isso sempre será, se você resistir e não se esforçar para dominar a coisa). Como quase

CAPÍTULO 8 | POR QUEM: PELO NEGÓCIO

tudo na vida, basta aprender para adquirir destreza e se sentir à vontade. Boa parte das técnicas financeiras que você tem de conhecer, bem como as ferramentas às quais precisará ter acesso para realizar um planejamento financeiro competente e uma gestão estratégica das finanças da sua pessoa jurídica, estão indicadas neste capítulo, com explicações claras e acessíveis. Afinal, procuro escrever sobre finanças sempre pensando no leigo bem-intencionado, porque o especialista já sabe (ou deveria saber...).

Técnica VECALUPA®. Quero, agora, lhe propor uma técnica de gestão financeira de alto impacto para seu negócio. Desenvolvi esta técnica há mais de dez anos e desde então ela integra a Metodologia PROF®, Programa de Reeducação e Orientação Financeira, o método que adoto em meus treinamentos para empreendedores e que fundamenta todo o conteúdo apresentado neste livro. A técnica Vecalupa® propõe que o planejamento e a gestão financeira estratégica devem zelar por *quatro diferentes cifrões* que estão relacionados à saúde financeira e à prosperidade duradoura de sua empresa:

> **VE** — VENDAS (firmes)
> **CA** — CAIXA (positivo)
> **LU** — LUCRO (garantido)
> **PA** — PATRIMÔNIO (sólido)

Um rio de dinheiro! Imagine seu negócio como um rio, no qual as águas são "os dinheiros". As águas da nascente (vendas) e da chuva (caixa) abastecem o rio, que deve sempre manter seu nível mínimo (lucro), rumando tranquilamente para o mar, no qual desembocará suas águas (patrimônio). Secar, assorear ou até mesmo transbordar e alagar o entorno são as catástrofes que você quer evitar. O que todo empreendedor deseja é que sua empresa seja um rio caudaloso de águas límpidas. Para garantir essa beleza toda, você terá que acompanhar os cifrões do seu negócio sempre muito de perto, analisando com todo o cuidado a cada momento o que se passa com cada um deles.

Na lupa! A fonte está jorrando com a regularidade esperada (vendas firmes)? As chuvas têm superado a evaporação (caixa positivo)? O nível mínimo está sendo mantido (lucro garantido)? A desembocadura tem sido vigorosa (formação de patrimônio sólido)? Avaliando criteriosamente essas quatro dimensões financeiras do seu negócio, conferindo-as diariamente com uma boa lupa, o empresário sempre poderá encontrar formas cada vez mais evoluídas de maximizar o desempenho financeiro de sua empresa e, assim, fortalecê-la. A técnica Vecalupa® poderá lhe ser muito útil para planejar e controlar a grana que entra, a grana que sai, a grana que fica e a grana que vai sendo acumulada e solidificando seu negócio!

MAXIMIZANDO SEU FATURAMENTO
O que fazer para garantir que suas vendas andem sempre em bom nível?

VENDAS. Vamos agora abordar o 1º cifrão da técnica Vecalupa®:

> 1º **VE** — **VENDAS** (firmes)
> **CA** — CAIXA (positivo)
> **LU** — LUCRO (garantido)
> **PA** — PATRIMÔNIO (sólido)

Para começo de conversa... Muitos *best-sellers* já foram (e serão) escritos somente sobre esse assunto que é, de fato, importantíssimo para o sucesso de um negócio: as *vendas*! Sem um volume firme de faturamento mês após mês, ano após ano, não há gestão miraculosa que consiga fazer o negócio ir para a frente. Aqui lhe darei algumas rápidas observações sobre minha visão prática de vendas.

Entender para vender. Só há um tipo de produto ou serviço que vende: o que o cliente quer. Não adianta o empreendedor achar que sua

CAPÍTULO 8 | POR QUEM: PELO NEGÓCIO

oferta é de qualidade, se essa qualidade não for percebida pelos potenciais compradores. Lembro-me de um empresário do setor metalúrgico indignado porque seus compradores não se importavam com o fato de suas maçanetas e seus puxadores serem maciços, e não ocos, como os oferecidos no mercado (e por isso custarem "apenas" 10% a mais que as peças "vagabundas", na opinião dele). Os compradores não se atentavam para isso na hora da compra e, provavelmente, também não durante o uso.

Também não adianta querer cobrar um preço que o consumidor simplesmente não está disposto a pagar: a mercadoria vai encalhar! E isso independente de estarmos pensando em um preço oferecido com desconto baixo ou alto. Lembro-me de uma empresária um tanto visionária que, três décadas atrás, já oferecia ao mercado móveis certificados com madeira de reflorestamento, quando a indústria moveleira ainda vivia do mais bárbaro extrativismo de madeira nobre da natureza. Só que os móveis de sua fábrica, por conta disso, eram um pouco mais rústicos em sua aparência e saíam 30% mais caro: encalharam! Mesmo após dar um acentuado desconto para ver se a coisa ia, não houve demanda suficiente.

Aliás, não adianta baixar o preço loucamente, operando com prejuízo, numa tentativa amadora de conquistar mercado. Se a estratégia lhe trouxer mesmo clientes (nem sempre é o caso), no momento seguinte você perceberá que "ganhou, mas não vai levar", porque quem vende com prejuízo, quanto mais vende, mais perde! Bem, deu para perceber que sem conhecer profundamente o cliente e adequar sua oferta da maneira mais justa possível a seus gostos, suas preferências e suas possibilidades financeiras, não haverá vendas... e, portanto, não haverá negócio!

Atender para vender. Um bom desempenho de vendas não pode só ficar na dependência de se ter o melhor preço e/ou o melhor produto o tempo todo. Em termos de *preço*, cá entre nós, nenhuma empresa consegue fazer milagre, porque os parâmetros de custos, encargos e margens de lucro são parecidos para todos os participantes de um mesmo segmento competitivo (como veremos na sequência, no item *lucro*). Também em termos de *produto*, não dá para contar que se terá, na maior parte do tempo, simplesmente o que há de melhor e mais atualizado no seu mercado. Seu marketing pode até tentar comunicar isso, mas não é rigorosamente o caso, a bem da verdade. Imagine a montadora de automóveis XCAR que, dentre outros modelos, comercializa as cobiçadas SUVs. Pelo ciclo de desenvolvimento de produtos da indústria automobilística, um modelo é totalmente renovado, digamos, a cada oito anos (com um discreto *facelift* no meio do ciclo, a cada quatro anos). Assim, somente a cada oito anos a equipe de vendas da XCAR poderá contar com a mais moderna (e cobiçada) SUV de seu mercado.

Se houver, por exemplo, 16 diferentes opções de marcas/modelos de SUVs entre os concorrentes que participam do mesmo mercado, e isto é bem plausível, nos próximos oito anos, após a completa renovação de sua SUV, a XCAR terá o desafio de manter suas vendas, apesar da concorrência e dos outros 15 modelos. Sequencialmente, à base de dois por ano, eles desbancarão a "novidade" da XCAR, até que ela volte à crista da onda após um longo inverno de oito anos sem grandes inovações. Até lá, como sustentar as vendas? Só mesmo com um *atendimento* diferenciado! Cordialidade, prestatividade, informação na ponta da língua, vontade de agradar e atender bem; tudo isso pode mais que compensar um produto defasado ou um preço pouco agressivo. Mas tem que ser bom de verdade nisso aí, porque de café frio e tapinha nas costas todo mercado já está cheio.

Parcelar para vender. Trata-se de uma realidade do mercado brasileiro: nosso consumidor está, na média, acostumado a tocar a vida com parcelas. Sem carnezinho o brasileiro não leva nada para casa. O nível de educação financeira do nosso consumidor é baixíssimo: via de regra, ele gasta mal, não sabe (ou não se predispõe a) fazer a conta certa dos juros pagos nas compras a crédito e nos financiamentos, contrai dívidas imprudentes, não poupa, não investe, não sabe o que é ganhar juros... e assim não é capaz de juntar o dinheiro necessário para comprar à vista e batalhar descontos, como lhe seria mais vantajoso. Isso seria também mais interessante até para os próprios comerciantes, que diminuiriam sua exposição de caixa, antecipando seus recebimentos e, assim, diminuindo seus custos financeiros, podendo, inclusive, repassar uma parte dos ganhos para os preços que ficariam mais competitivos.

Mas, infelizmente, ainda estamos longe dessa realidade. Então, o jeito é parcelar. Claro que quem vende parcelado demora para receber e, provavelmente, terá de trabalhar com dinheiro de banco ou

CAPÍTULO 8 | POR QUEM: PELO NEGÓCIO

financeira para financiar suas atividades, antecipando seus recebíveis e pagando juros por isso. Paciência: a tática é embutir os juros no preço final do produto e deixar que o consumidor pague por eles, se é assim que ele prefere fazer negócio. Por exemplo: Sabe aquele tratamento de estética que sua clínica poderia oferecer por R$ 800 à vista? Provavelmente, venderá mais se você parcelar em 12 × R$ 89,90 no cartão, antecipando depois os recebíveis totais de R$ 1.078,80 pelos R$ 800 almejados na administradora do cartão, pagando juros totais de R$ 278,80, descontados a uma taxa mensal de 4,9%. Como esse custo foi repassado para o preço final do serviço, ele não terá saído da margem de lucro do empreendedor, mas do bolso do próprio cliente. Agora, sempre que possível, seja justo: dê o devido desconto a quem lhe propuser pagar à vista. E torça para que isso aconteça mais e mais vezes na nossa economia.

Aparecer para vender. Por fim, quero lembrar que moça bonita que não sai na janela não arranja namorado. Não adianta ter o produto e o preço se o consumidor não ficar sabendo da sua "maravilhosa oferta". No Capítulo 4, em que tratamos das fases evolutivas do seu negócio, eu enfatizei a importância de trabalhar bem a divulgação da empresa no lançamento. Mas o bom marketing terá de ser uma constante no seu negócio. E marketing bom precisa de verba: no âmbito de um pequeno negócio, eu não reservaria menos que algo como 5% a 10% do faturamento para fazer propaganda continuamente. Se tiver uma loja e não puder fazer muita coisa em termos de divulgação da porta para fora, faça constantes promoções sazonais e trabalhe a comunicação direta com seus atuais clientes (via telefone, e-mail e mídias sociais) tendo as promoções como motivador. Um corpo a corpo benfeito pode lhe render alto nível de fidelização e até mesmo de indicação de novos clientes, se as campanhas puxarem um gancho para isso. E se você for trabalhar com prestação de serviços, esconda-se o mínimo possível no escritório (seja em prédio comercial ou *home office*), bote o pé na estrada e visite, visite, visite! Um bom website, bonito e funcional, também será indispensável para gerar *leads* (bons contatos) que, se bem trabalhados por você (ou algum colaborador), a partir daí, poderão se transformar em vendas firmes.

A VIRADA NA CARREIRA

POSITIVANDO SEU FLUXO DE CAIXA

Como evitar que exista um descasamento preocupante (e caro de financiar!) entre as entradas e as saídas financeiras de seu negócio?

CAIXA. Vamos agora nos concentrar no 2º cifrão da técnica Vecalupa®:

> **VE — VENDAS** (firmes)
> **2º CA — CAIXA** (positivo)
> **LU — LUCRO** (garantido)
> **PA — PATRIMÔNIO** (sólido)

Desafio. Imagine o polegar apontando para cima, os outros dedos recolhidos ao centro da mão: sim, sinal de *positivo*! É assim que o fluxo de caixa do seu negócio deve sempre estar. Aliás, é assim que ele sempre *estará de fato*, de qualquer forma, seja pelo bom planejamento do empreendedor, seja pela gestão descuidada do caixa, que resultará na busca de socorro emergencial em bancos e financeiras. Mas o que é mesmo *fluxo de caixa*? *Caixa* = dinheiro. O termo vem dos tempos em que o dinheiro era guardado nas caixas registradoras dos estabelecimentos comerciais. *Fluxo* = vaivém. *Fluxo de caixa* = vaivém de dinheiro, entradas e saídas financeiras em seu negócio. Podem ser imaginadas, almejadas ou, até mesmo, contratadas, mas ainda não realizadas, e, nesse caso, estaremos falando do *fluxo de caixa planejado*. Contudo, também poderemos estar nos referindo às entradas e saídas apuradas de fato, ou seja, o *fluxo de caixa realizado*! Aí é dinheiro na conta mesmo (se o fluxo for positivo).

Fluxo × conta corrente. Então o fluxo de caixa do negócio é a *conta corrente* da empresa no banco? Não exatamente. Uma conta corrente bancária, se for o único meio de pagamento e recebimento da empresa, basicamente mostrará todas as entradas e saídas de dinheiro realizadas em seu negócio, ou seja, ao puxar um extrato ao final do mês você enxergará o fluxo de caixa realizado naquele mês. Quando proponho que o empreendedor cuide bem do fluxo de caixa de sua empresa,

CAPÍTULO 8 | POR QUEM: PELO NEGÓCIO

refiro-me aqui ao fluxo de caixa como um *instrumento gerencial*, uma ferramenta para:

1) planejar direito; e

2) gerenciar com competência a movimentação financeira do seu negócio, seja através de uma ou mais contas bancárias, inclusive utilizando cartões de crédito e outros meios de pagamento.

Detalhes do entra e sai. Todo negócio tem uma série de *saídas financeiras programadas*. São as despesas contratadas, que têm, cada uma delas:

1) um valor específico;

2) uma data específica;

3) um meio de pagamento específico através do qual será efetivada (cheque, cartão de débito, boleto, depósito em conta, transferência bancária via DOC e TED, cartão de crédito).

De outro lado, existem as *entradas financeiras programadas*, mesmo que no começo do negócio elas sejam pequenas ou até temporariamente inexistentes (mas isso mudará rápido). São os recebimentos contratados, que igualmente têm:

1) um valor específico;

2) uma data específica;

3) um meio de recebimento específico para acontecer (vencimento de boleto, depósito direto na conta da firma, transferência para a conta da empresa via DOC ou TED, pagamento pelo cliente em dinheiro vivo).

Planilha de caixa. Ao se cruzarem as saídas com as entradas forma-se o fluxo de caixa do negócio e o empreendedor deve se organizar para visualizar o fluxo *planejado* para os próximos meses, identificando potenciais sobras ou faltas de caixa na empresa. Pense em uma planilha com diversas *linhas* que relacionam, primeiro, cada um dos clientes do negócio, dos quais poderão vir os recebimentos. Na sequência, haverá uma linha para também relacionar cada um dos tipos de desembolsos que seu negócio poderá ter. Nas *colunas*, você terá os dias do mês, do 1º ao 31. Havendo um recebimento previsto, você buscará a linha do cliente responsável por aquela entrada, deslizará até a coluna do dia para o qual o pagamento está contratado/acertado/planejado e na respectiva célula que cruza linha com coluna anotará o valor do recebimento esperado, com sinal positivo (seria negativo se estivéssemos tratando de um pagamento devido por sua empresa, em vez de um recebimento).

Resultado. As três últimas linhas da planilha mostrarão a *soma das entradas* no dia, depois a *soma das saídas* no mesmo dia e, finalmente, uma última *linha de resultado de caixa* mostrará a sobra ou falta de grana prevista para aquele dia, indicando que haverá dinheiro para aplicar (sobra) ou uma necessidade de tomar emprestado (falta). Algumas planilhas de fluxo de caixa trazem em suas colunas, no lugar dos dias de 1º a 31, os meses do ano. Nesse caso, as estimativas e os controles ficarão mais simples, porém menos precisos (recomendo talvez para o fluxo *planejado*, não para o *realizado*). Há vários modelos de planilha de fluxo de caixa disponíveis na internet, gratuitas e muito bem elaboradas. Digite no buscador de internet "planilha fluxo de caixa" e aparecerá uma lista imensa para sua escolha. Se preferir, vá ao www.sebrae.com.br e digite o mesmo termo no campo de busca geral, logo na página de entrada do site. Tem planilhas e dicas bem legais lá.

Na ponta do lápis. O dono de uma empresa de jardinagem que trabalha para vários condomínios acaba de fechar um contrato com o Condomínio Sun Garden que lhe pagará R$ 800, todo dia 15 de cada mês, via depósito direto em conta. Então, em seu fluxo de caixa planejado, o empreendedor deverá anotar, na linha de recebimento "Condomínio Sun Garden", na coluna "Dia 15", o valor de R$ 800, inserido na respectiva célula de cruzamento (com sinal positivo, porque é um recebimento). Vale inserir nessa célula uma nota informando a forma de recebimento: "depósito em conta".

Também no dia 15 vencerá o boleto da loja de produtos de jardinagem Jardins & Cia, que é um dos fornecedores da empresa. Foram comprados, nessa loja, R$ 947,60 em materiais e equipamentos. Dessa forma, deverá ser registrado na planilha de fluxo de caixa planejado, na linha de pagamentos "Jardins & Cia", na célula que cruza com a coluna

CAPÍTULO 8 | POR QUEM: PELO NEGÓCIO

"Dia 15", o valor de – R$ 947,60 (com sinal negativo mesmo, porque, nesse caso, se trata de uma saída), também cuidando de fazer a inserção de uma nota informando a forma de pagamento: "boleto bancário".

Vamos imaginar que essas sejam as duas únicas anotações em "Dia 15": daí, o que a linha de resultado ao final da planilha de caixa mostrará? Ela apresentará o saldo de caixa do "Dia 15" como sendo "R$ 800 – R$ 947,60 = – R$ 147,60". O planejamento apontou que, portanto, está prevista para este "Dia 15" uma falta de caixa na empresa, fenômeno que também chamamos de *descasamento de caixa* e que deve receber a atenção imediata do empresário.

Fechando o buraco. O que fazer com o caixa descasado? Está comprovada a importância de fazer planejamento do fluxo de caixa do seu negócio: será possível enxergar as faltas *antes* e providenciar a solução *com calma*, também de forma planejada, ao menor custo possível de financiamento. As formas de remanejar um caixa descoberto serão sempre três:

1) tentar antecipar o recebimento (no todo ou em parte); e/ou

2) tentar postergar o pagamento (parcial ou total); ou então, se não der para resolver com estas manobras,

3) negociar auxílio de crédito em bancos e financeiras.

É lógico que todo empreendedor deve ter uma folga de caixa, à qual se costuma chamar *capital de giro* do negócio, uma soma que deverá ficar praticamente parada na conta da empresa no banco ou então investida em alguma aplicação com liquidez diária, para socorrer o caixa da empresa nos momentos de falta. Que fique claro: faltar caixa pontualmente, em valores modestos, é um fenômeno bem natural, que não demonstra necessariamente má gestão financeira. Diferente disso é a situação de falta crônica de caixa em valores elevados. Curiosamente, você verá que esse tipo de problema só irá surgir como resultado de uma empresa que vem trabalhando de forma recorrente com lucratividade negativa, como veremos no próximo tópico deste capítulo, "Garantindo sua lucratividade".

Fluxo de caixa e capital de sustentação e equilíbrio do negócio. Quando o empreendedor estiver fazendo o planejamento tático de seu

191

negócio, preparando-o para a *Fase V: Rumo ao Ponto de Equilíbrio Financeiro*, recomendo que providencie um conjunto de planilhas mensais com as estimativas de saídas (despesas) e entradas (receitas) de caixa de seu negócio, até ele atingir o ponto de equilíbrio financeiro, momento no qual as entradas, enfim, igualam as saídas e os descasamentos de caixa deixam de existir (ou deverão ser de curtíssima duração).

Esse é um exercício de futurologia bastante difícil de se fazer, porque a dificuldade de imaginar o que acontecerá em termos de receitas e despesas de um negócio que ainda nem começou é mesmo muito grande. No entanto, essa dificuldade não deve desencorajar o novo empreendedor de gastar um bom tanto de tempo e energia em tal atividade, porque os descasamentos de caixa previstos até o ponto de equilíbrio terão de ser cobertos pelo *capital de sustentação e equilíbrio do negócio* e não há como estimar corretamente o montante desse capital sem que seja feito um exercício de projeção de fluxo de caixa competente.

Fluxo de caixa e capital de sustentação pessoal do empreendedor. Pensando no exercício acima, vale a pena esticar a projeção do fluxo de caixa desde o lançamento para além, inclusive, do ponto de equilíbrio financeiro, para até aquele outro ponto mais à frente em que o negócio conseguirá, finalmente, pagar ao seu dono (ou ao seus sócios) o pró-labore cheio. Projetar o fluxo até esse mês específico permitirá calcular responsavelmente o *capital de sustentação pessoal do empreendedor*, como vimos no Capítulo 2.

Fluxo de caixa e capital inicial de lançamento do negócio. Na verdade, o uso da ferramenta fluxo de caixa projetado deverá ser indispensável também na *Fase II: Planejamento Tático e Montagem*, pois não bastará saber quanto dinheiro será consumido até a abertura, mas interessará conhecer a que velocidade ele terá de ser dispendido, com as datas e valores certos dos desembolsos previstos. Só assim o empreendedor poderá providenciar o *capital inicial de lançamento do negócio*, garantindo que cada quantia requisitada para erguer a empresa aos poucos, "tijolinho por tijolinho", estará disponível no valor suficiente e na data solicitada, assim evitando atrasos no lançamento do negócio, que sempre acarretam em prejuízo.

Fluxo de caixa e capital de expansão do negócio. Por fim, um bom planejamento de fluxo de caixa também será muito útil na *Fase VI: Consolidação e Expansão*. Esse momento terá uma dinâmica de gastos concentrados muito parecida com a própria montagem do negócio em si e já pude ver negócios sólidos que balançaram um bom tanto por excesso de confiança no momento da expansão, por quererem dar o passo maior que a perna (já vi negócio muito promissor até *falir* por causa disso). Em suma: fluxo de caixa projetado é algo para o empreendedor ter sempre em seu negócio próprio.

GARANTINDO SUA LUCRATIVIDADE

Como se assegurar de que você estará realmente trabalhando no azul?

LUCRO. Vamos agora nos concentrar no 3º cifrão da técnica Vecalupa®:

> **VE** — VENDAS (firmes)
> **CA** — CAIXA (positivo)
> **3º LU** — LUCRO (garantido)
> **PA** — PATRIMÔNIO (sólido)

Produtos

Precificação × lucro. Para entendermos o conceito do que é lucro e poder garantir que haja um bom tanto dele como resultado do seu negócio, vamos primeiro discutir como o preço de um produto deve ser formado, já que o lucro é o preço a que se vende um produto, subtraindo dele tudo o mais que tem de ser retirado (e você verá que não é pouca coisa). Faremos um primeiro exercício focado na produção ou no comércio de bens e, logo depois, outro abordando os serviços especializados.

O cálculo do preço de qualquer *produto* pode ser feito em quatro etapas:

1) **Cálculo do custo unitário do produto a ser precificado.** Existem essencialmente dois tipos de custo nos negócios: custo direto × custo indireto. O *custo direto* é o valor gasto para fabricar ou comprar o produto. Para um comércio de calçados finos, por exemplo, o custo direto é o valor que a loja paga à fábrica ao comprar esse calçado. Digamos que sejam R$ 120. Já o *custo indireto* corresponde aos gastos que beneficiam todos os produtos ao mesmo tempo e que são distribuídos (ou rateados) para cada um dos produtos de acordo com algum critério que faça sentido para o negócio como, por exemplo, dividir todos os custos diretos de cada mês pela quantidade média de produtos vendidos no mês. Entram no custo indireto todos os gastos com a administração do negócio: aluguel da loja, salários, manutenção, propaganda e outros. Vamos imaginar que a soma desses custos para a loja seja de R$ 12 mil/mês. Sabendo que a loja vende, em média, trezentos pares por mês (dez pares por dia), cada par de sapatos receberá, pelo rateio, a responsabilidade de bancar o custo indireto de R$ 40. Assim, calculamos que o *custo unitário* do sapato será de R$ 160 (= R$ 120 *custo direto* + R$ 40 *custo indireto*).

2) **Cálculo dos encargos sobre o preço de venda do produto.** Imaginemos que a loja de sapatos pague também uma *comissão aos vendedores* de 5% sobre o valor das vendas (além de um salário fixo, que costuma ser baixo). Vamos também supor que o empresário espere uma *perda média definitiva* (pela inadimplência dos clientes) de outros 5% do faturamento e que a *carga tributária líquida* (soma de todos os impostos) seja de 25% sobre o valor do produto (seu contador sempre poderá lhe fornecer essa informação com precisão). Nesse caso, o percentual total de *encargos sobre vendas* será de 35% (= 5% *comissão* + 5% *inadimplência* + 25% *impostos*).

3) **Determinação da margem de lucro desejada.** Agora, chegou a hora de especificar a *margem de lucro* desejada sobre o custo unitário do produto, também tradicionalmente conhecida pelo termo em inglês *markup*. Se a margem for muito baixa, as vendas proporcionarão um resultado financeiro fraco para o

CAPÍTULO 8 | POR QUEM: PELO NEGÓCIO

empreendedor. Se for alta demais, os produtos ficarão caros demais diante da concorrência, prejudicando o volume de vendas. Vamos, neste momento, imaginar que a margem desejada pelo dono desta loja de calçados finos seja de 20% sobre o custo, ou seja, de R$ 32 (= R$ 160 *custo* × 20% *margem*).

4) **Cálculo do preço do produto**. O preço de venda do calçado (P = ?) menos os *encargos* sobre o preço de venda (E = 35%) deve ser igual ao *custo* unitário (C = R$ 160) mais a *margem* de lucro desejada sobre esse custo unitário (M = 20%). Está, portanto, montada a equação do preço do produto (pela técnica do *markup*):

$$P - (P \times E) = C + (C \times M)$$

Colocando P e C em evidência, temos:

$$P \times (1 - E) = C \times (1 + M)$$

E isolando P à esquerda da equação, pois é o que queremos calcular:

$$P = C \times (1 + M) / (1 - E)$$

Para calcular o preço de venda (P) da mercadoria conforme as condições de custo (C), encargos (E) e margem (M) imaginadas, basta substituir os valores na fórmula acima. Em nosso exemplo do calçado, o preço calculado será:

A VIRADA NA CARREIRA

$$P = 160 \times (1 + 20\%) / (1 - 35\%)$$
$$P = 192 / 0,65\%$$
$$P = 295,40$$

Fazendo a conta inversa, veja só que interessante como tudo bate:

R$ 295,40 (P) preço de venda do produto

- R$ 120 (C) custo direto do produto (valor de compra)
- R$ 40 (C) custo indireto (rateado para o produto)
- R$ 14,80 (E) encargo de 5% de comissão sobre a venda
- R$ 14,80 (E) encargo de 5% de perda com inadimplência
- R$ 73,80 (E) encargo de 25% de impostos sobre o preço
- R$ 32 (M) margem de 20% sobre o custo de R$ 160

R$ 0: todos os componentes do preço foram remunerados!

Prazo de retorno do capital. Nesse caso, almejando uma margem de lucro de 20%, o preço do calçado arredondado ficou em R$ 300. Primeiramente, cabe perguntar: esses 20% de margem de lucro sobre tudo o que a loja fatura podem ser considerados uma lucratividade interessante? Para simplificar, vamos imaginar que os trezentos pares de sapatos vendidos por mês sejam todos muito iguais, saindo em média pelo preço de R$ 300 cada. Assim, o faturamento mensal da loja será de R$ 90 mil (= R$ 300/par × 300 *pares*). Uma margem de 20% sobre esses R$ 90 mil dará R$ 18 mil.

Parece um lucro bastante atrativo, mas ao nos recordarmos de que essa é uma loja de luxo, na qual foram gastos R$ 650 mil de capital total (considerando: capital de sustentação pessoal do empreendedor + capital de lançamento da empresa + capital de sustentação e equilíbrio do negócio), apuramos que o empreendedor levará nada menos que 36 meses (três anos completos) para recuperar o capital investido (R$ 650

CAPÍTULO 8 | POR QUEM: PELO NEGÓCIO

mil *aporte* / R$ 18 mil/mês *lucro* = 36 *meses*). Isso, contando já a partir da maturidade do negócio, depois que ele tiver atingido sua meta de lucratividade média. Na prática, pode levar um tempo bem maior que esses três anos, se computarmos também o período imediatamente anterior, aqueles meses (ou anos) necessários para se chegar ao equilíbrio financeiro do negócio.

Competitividade. Outra questão a considerar: fixando essa margem de 20% de lucro desejado sobre o custo, os R$ 300 resultantes para o preço final do produto serão competitivos diante da concorrência local e até mesmo da potencial concorrência on-line para sua loja? Se o empresário estiver seguro de que sim, tudo bem. Se o mercado comportar um preço maior, dá até para elevar sua margem percentual sobre o custo, ora! Agora, se o preço ficar alto demais, podendo chegar a prejudicar suas vendas, é melhor baixá-lo até um patamar razoável de competitividade (com o mercado não se arruma briga). Para conseguir isso, ou você terá de reduzir a margem ou os custos e os encargos (onde for possível), tentando preservar a margem. Essa análise deverá ser feita de forma muito criteriosa pelo empresário, que deverá promover de tempos em tempos atualizações na sua estratégia de precificação, trabalhando sempre com as condições de concorrência de mercado, seus custos, seus encargos e sua margem. O objetivo é vender e, claro, vender sempre com lucro. Até porque, quem vende com margem negativa, ou seja, prejuízo (e alguns desesperados às vezes se propõem a trabalhar dessa forma para ver se conseguem ganhar mercado e se firmar), quanto mais vende... mais perde!

Serviços

A seu dispor! Muitos dos profissionais que se lançam ao projeto de um negócio próprio resolvem se estabelecer como prestadores de serviços especializados, normalmente no mesmo segmento em que já atuavam na condição anterior de colaborador de empresa. Muitas vezes o formato de negócio escolhido é o do profissional-empresa. Talvez o principal desafio desse pessoal seja saber colocar um preço justo e equilibrado em seus serviços, um preço que os clientes aceitem pagar, que também cubra seus custos e encargos, pague seu tempo e, no final das contas, deixe no bolso do empreendedor uma remuneração digna em termos de margem de lucro.

Horas vendáveis. Na condição de funcionário de empresa, você vendia a seu patrão algo como 180 horas de trabalho mensais (45 horas semanais, em média nove horas para cada um dos cinco dias trabalhados na semana). Agora, como empresário prestador de serviços, você não terá esse tempo todo para faturar, já que uma boa parte terá de ser dedicada ao processo comercial e ao planejamento e à administração do negócio, como já o alertei. Digamos que 1/3, ou sessenta horas mensais, fiquem bloqueadas para atividades de suporte, restando 120 livres para faturamento.

Da venda dessas 120 horas mensais terá de vir o dinheiro para:

1) cobrir os custos do negócio + 2) pagar seu pró-labore (o merecido "salário" por empenhar seu trabalho na empresa) + 3) gerar o lucro almejado (afinal, o principal propósito financeiro de lançar um negócio próprio).

Assim, comece apurando o somatório das despesas fixas do negócio, como aluguel, telefone, material de escritório, combustível, estacionamento, eventuais multas, alimentação no período de trabalho e por aí vai. São, praticamente, todos eles custos indiretos; não haverá custos diretos expressivos, porque o "bem" que você estará vendendo será essencialmente o seu tempo (e, óbvio, o valor que poderá agregar a seu cliente através desse tempo, uma vez que empregado na prestação do serviço). Assim, chamamos esses gastos de *custos fixos*.

Valor da hora. Adicione a seus custos fixos o valor líquido que você ganhava (ou ganharia) na condição de funcionário, desempenhando um trabalho semelhante ao que desenvolve em sua própria empresa. Esse será o seu *pró-labore*. Em seguida, some a esses dois valores um outro tanto a título de *margem de lucro*: sugiro, pelo menos, 1% ao mês sobre o capital total empatado na abertura do negócio. Uma vez calculada na ponta do lápis a soma dos três valores acima, adicione 20% para cobrir impostos e contador (esses 20% de encargos deverão ser suficientes para uma pessoa jurídica padrão no ramo de prestação de serviços). Pegue o total obtido e divida por 120 horas. Pronto: agora você já sabe o quanto cobrar pela hora trabalhada. A partir daqui, já lhe será possível orçamentar projetos com base no volume de horas que você empregará na execução de cada trabalho.

CAPÍTULO 8 | POR QUEM: PELO NEGÓCIO

Exemplo. Vamos analisar uma situação prática, para não restar dúvidas nos cálculos. Comece apurando o somatório das despesas fixas do negócio, como aluguel (R$ 1.500), condomínio (R$ 300), telefone (R$ 200), material de escritório (R$ 100), combustível (R$ 400), estacionamento (R$ 100), alimentação no período de trabalho (R$ 400) e outros diversos (reservar R$ 500).

Nesse exemplo, somando tudo, chegamos a um custo fixo de R$ 3,5 mil, valor que deverá ser desembolsado todos os meses e terá, logicamente, de ser coberto pelas horas vendidas. Adicione aos custos fixos o valor líquido que você ganhava (ou ganharia) como funcionário, desempenhando no mercado o mesmo trabalho que realiza em sua própria empresa. Digamos que sejam R$ 3,5 mil mensais de pró-labore.

Em seguida, some aos dois valores anteriores o lucro almejado: sugiro pelo menos 1% por mês do capital empatado na abertura do negócio. Digamos que tenha aplicado R$ 100 mil (para se sustentar + montar o negócio + bancá-lo até o ponto de equilíbrio) e, assim, queira ter lucro mensal de R$ 1 mil. Somando tudo chegamos a R$ 8 mil (= R$ 3,5 mil *custos* + R$ 3,5 mil *pró-labore* + R$ 1 mil *lucro*). Adicionamos, então, 20% de encargos, para cobrir impostos e contador, e assim obtemos R$ 9.600 (= R$ 8 mil + 20% *encargos*). Por fim, dividiremos o valor total obtido por 120 horas: R$ 9.600 *meta de faturamento* / 120 *horas* = R$ 80/hora. Agora, você sabe o quanto cobrar por hora trabalhada. Já lhe é possível orçamentar que um projeto que empregue dez horas em sua execução deve ser faturado a R$ 800 (= R$ 80/hora × 10 *horas*).

Competitivo? Mais uma vez, cabe perguntar: isso é competitivo? Seu cliente provavelmente concordará em lhe pagar esse valor? Lembre--se de que o cliente só aceita pagar por aquilo que ele "vê e sente", ou seja, aquilo que você lhe adiciona de efetivo através de seu tempo de trabalho a ele dedicado. Não interessa ao cliente se você foi até o local combinado de prestação de serviços a pé, de ônibus, em um carro popular ou num carro de luxo com motorista de quepe e gravata: essa é uma escolha inteiramente sua, não tente repassar esse custo ao cliente, porque qualquer "luxo" indevido vai acabar saindo, isso sim, da corrosão da *sua* margem de lucro! Portanto, para maximizar sua lucratividade, mantenha os custos e os encargos bem enxutos!

A VIRADA NA CARREIRA

FORMANDO UM PATRIMÔNIO LÍQUIDO POSITIVO
Como garantir que sua empresa acumulará um sólido patrimônio?

PATRIMÔNIO. Vamos, finalmente, nos concentrar no 4º cifrão da técnica Vecalupa®:

> **VE** — VENDAS (firmes)
> **CA** — CAIXA (positivo)
> **LU** — LUCRO (garantido)
> **4º PA** — PATRIMÔNIO (sólido)

Do equilíbrio à formação de patrimônio. Em um primeiro momento, o sonho de todo empresário é que ele pare de colocar dinheiro no negócio. Atingido o equilíbrio financeiro da empresa, é natural que ele queira começar a retirar seu pró-labore. Daí, quando já tiver atingido o nível do pró-labore cheio almejado, é chegada a hora de começar a remunerar com uma taxa de juros de mercado (normalmente a taxa de uma aplicação conservadora, padrão DI) o capital empatado no negócio. Então, finalmente, virá o lucro! Que hora mais doce! Com o passar do tempo — o negócio mantendo-se lucrativo mês após mês —, o desejo do empresário será que seu lucro atinja um patamar tal que ele possa distribuir uma parte e, com a outra, capitalizar sua empresa, formando um sólido patrimônio empresarial. Só este patrimônio permitirá à empresa crescer sem depender essencialmente do capital dos bancos, às vezes de custo proibitivo, e sem ter de pulverizar a propriedade do negócio — neste caso, vendendo participação para capitalizar a empresa e viabilizar sua expansão.

Conservadorismo e lucidez. Patrimônio líquido é tudo aquilo que se tem de fato, que se acumulou com poupança ao longo do tempo, naturalmente subtraindo aquilo que se deve. Se o objetivo é formar um sólido patrimônio líquido positivo em sua empresa, permitido expandi-la com recursos próprios, duas providências serão fundamentais: primeiro, boa parte do lucro gerado deverá ser retido, acumulado e

200

CAPÍTULO 8 | POR QUEM: PELO NEGÓCIO

investido em boas aplicações. O empresário e seus eventuais sócios devem aprender a viver, equilibradamente, "apenas" com as retiradas de pró-labore e juros do capital próprio investido no negócio. Se os lucros forem absurdamente abundantes em um determinado período, talvez se possa pensar em uma distribuição eventual de parte desse resultado, *depois* que o dinheiro estiver no caixa da empresa.

Em segundo lugar, não menos importante: em qualquer hipótese, evitar dívidas. Negócios promissores não costumam ter muita dificuldade para acessar o crédito corporativo dos bancos. No entanto, em função das taxas cobradas e das garantias exigidas, esse crédito ainda pode ser muito caro no Brasil (custo efetivo total elevado). Uma boa administração das vendas para firmar o faturamento, um planejamento cuidadoso do fluxo de caixa para minimizar descasamentos custosos e uma boa gestão dos custos e encargos em geral para garantir lucratividade poderão, muito bem, manter sua empresa afastada das dívidas. Pelo menos daquelas emergenciais e mal planejadas, contratadas às pressas simplesmente para cobrir rombos do *business*, algo bem diferente do crédito contraído de forma bem pensada, com estratégia, visando fortalecer e solidificar seu negócio.

ATENÇÃO: CONFUSÃO ENTRE BOLSOS À VISTA!

Como evitar a tradicional (e altamente prejudicial!) mistura entre as finanças da pessoa jurídica e as finanças da pessoa física?

Separados no nascimento. Uma coisa é o dinheiro da *empresa* (pessoa jurídica); outra, bem distinta, é o dinheiro do *empresário* (pessoa física). Tanto isto é verdade que essas duas "entidades financeiras" estão, por exemplo, obrigadas a prestar declarações à Receita Federal em momentos distintos e de forma completamente segregada. Para evitar confusão nessa área, calibre de forma responsável as *retiradas possíveis* do bolso do seu negócio rumo ao seu próprio bolso. Defina — com os pés no chão — seu *pró-labore* mensal, os eventuais pagamentos de *juros sobre o capital próprio* investido na empresa, bem como as *distribuições de lucros* que forem viáveis. A partir daí, toque sua vida pessoal da melhor forma que o *seu* dinheiro (não o dinheiro do caixa da sua empresa!) consiga lhe proporcionar, resistindo à tentação de misturar os bolsos.

Muralha da China. Sua empresa não tem que pagar contas que são da pessoa física (o financiamento e as despesas do seu carro de uso particular, por exemplo). Da mesma forma, seu cartão de crédito pessoal não tem que efetuar compras para a pessoa jurídica (de materiais de limpeza, por exemplo). O planejamento e o controle de suas finanças pessoais e de suas finanças empresarias devem seguir harmonicamente em paralelo, porque há uma inegável correlação entre eles, porém sem jamais se misturar de forma apelativa, mal planejada! O engano mais comum que pode levar a esse tipo de desvirtuamento financeiro é o seguinte raciocínio: "Minha empresa só existe porque eu me sacrifiquei por ela. Se eu não estiver bem, ela sofrerá. Portanto, ela tem a obrigação de me ajudar financeiramente nos momentos mais difíceis da minha vida!" Nunca vi prosperar o empresário que encara o caixa de sua empresa como um cheque especial de limite elevado, pronto para socorrer a pessoa física em momentos de aperto financeiro.

Retiradas variáveis. É possível que seu negócio, pela própria dinâmica variável das vendas e entradas de caixa do segmento em que sua empresa atua (ora para cima, ora para baixo), não consiga lhe prover um padrão estável de retiradas, um valor fixo mês a mês, como seria o ideal. Essa dinâmica errática é naturalmente preocupante, porque as contas pessoais são recorrentes a cada mês e não querem nem saber de onde virá o dinheiro ou se virá o tanto certo: elas pedem aquele tanto todo mês e pronto! Mas essa variabilidade nas entradas do empreendedor pode, de fato, ocorrer e não exatamente por problemas na empresa, mas talvez devido a uma peculiar sazonalidade de faturamento do próprio ramo em que o negócio foi estabelecido. Comércios em geral, por exemplo, faturam muito mais em meses de datas festivas, como Dia das Mães e Natal, e assim também comportam retiradas maiores nesses meses. Pelo mesmo princípio, um comércio de roupas e acessórios de praia sofrerá um bocado no inverno, fazendo minguar nos meses frios as possibilidades de retiradas de seu dono.

Reserva. Assim como existem meses "gordos", em que entra muito mais dinheiro do que o necessário, há os meses "magrinhos", nos quais os ganhos apurados ficam bem abaixo das despesas da família. Esse é um desafio clássico entre profissionais liberais e donos de pequenos

CAPÍTULO 8 | POR QUEM: PELO NEGÓCIO

negócios: a constante *variabilidade* de suas receitas (que podem ser muito diferentes ao longo dos meses) perante a relativa *estabilidade* de suas despesas (que tendem a ser bastante parecidas de um mês para o outro). Nem por isso você deve se dar o direito de saquear seu próprio negócio para compensar a inevitável flutuabilidade da renda que ele lhe provê na pessoa física. Muito mais sábio será tentar equacionar essa questão traçando um bom planejamento financeiro e formando uma *reserva financeira de balanceamento* da renda flutuante.

Renda mensal. O primeiro passo será calcular uma *média estimada dos ganhos mensais* projetados de forma realista. Comece somando as retiradas realisticamente previstas para o decorrer do próximo ano e divida a soma por 12 meses. O valor obtido será a média que a família do empresário, provavelmente, terá disponível para gastar todos os meses. Aplique aí um desconto de 20% para dar uma boa margem de segurança. Por exemplo, vamos imaginar que a soma anual prevista para retiradas, conforme o planejamento de faturamento e fluxo de caixa da empresa, comporte R$ 60 mil, que divididos por 12 meses equivalem a R$ 5 mil/mês. Desconte disso 20% e chegaremos a R$ 4 mil/mês. Essa será a renda média que o negócio proporcionará ao empreendedor.

Despesas mensais. Haverá meses em que a retirada ficará acima da média; noutros, abaixo. O fato é que a família do empresário jamais deverá se lançar a um padrão de consumo mensal que ultrapasse essa média dos seus ganhos mensais. Aliás, não deverá sequer gastar toda essa disponibilidade: recomendo tentar separar pelo menos 10% dessa receita mensal estimada para os *investimentos pessoais de longo prazo* da família. Os 90% que restarem, esses sim, poderão ser destinados a bancar as *despesas* do mês a mês. Por exemplo: dos R$ 4 mil, recomendo poupar 10% por mês, ou R$ 400, deixando livres para gastos os outros 90%, ou R$ 3.600. Partindo desse número, o empresário e sua família devem promover os enxugamentos necessários no orçamento familiar para que todas as suas despesas mensais caibam, de fato, dentro desses 90% da sua receita mensal estimada, o que constituirá as *despesas familiares planejadas*.

Colchão. O próximo passo será formar uma *reserva financeira de balanceamento* da renda flutuante. Escolha uma aplicação financeira de curto prazo (pode ser a Caderneta de Poupança, por exemplo, ou algum FIF DI ou Renda Fixa do seu banco) para nela depositar todos os meses os eventuais ganhos que vierem a superar, nos meses de renda mais alta que

203

a média, a receita mensal média calculada. Assim será formado um *colchão de proteção financeira* para atenuar os potenciais efeitos negativos da renda que varia. O tamanho mínimo recomendado para essa reserva deve ser igual a *quatro vezes* a média mensal planejada para as despesas familiares. Em nosso exemplo, isso dá R$ 4 mil × 4 = R$ 16 mil.

Tira e põe. Quando o mês for "gordo", o excedente não deverá ser gasto, mas reservado na aplicação financeira. Tirou R$ 6 mil do negócio? Ótimo! R$ 4 mil estarão disponíveis como renda efetiva do empresário e os R$ 2 mil restantes devem ir para a aplicação de curto prazo, engrossando o colchão de proteção financeira da família. De forma oposta, quando o mês for mais "magro", isto é, quando as receitas apuradas em certo mês não cobrirem o total das despesas planejadas, o empresário sacará da aplicação a *complementação* necessária, balanceando a renda para dar conta dos gastos. Por exemplo, se a retirada em um mês for de R$ 2 mil, outros R$ 2 mil serão sacados da aplicação para cobrir o rombo. Assim que o fluxo se inverter e voltar a entrar mais dinheiro nos próximos meses, o dinheiro sacado antes deverá ser *devolvido* para a aplicação financeira e assim sucessivamente ao longo do ano. Essa técnica requer esforço de planejamento e disciplina no dia a dia, mas é uma saída para evitar o uso mal planejado de opções de crédito mais rápidas e facilitadas, porém muito caras, como o cheque especial e o crédito rotativo do cartão de crédito.

VAMOS FATURAR!

Finalmente, você está seguro de como deve trabalhar para o *seu cliente* e também de como deve trabalhar pelo *seu negócio*? Parabéns, você pode dizer que tem em suas mãos a imprescindível força do **TRABALHO**! Então, não largue de seu **TALENTO** e vamos estudar em detalhes o próximo elemento vital rumo ao sucesso nos negócios: a **ESTRUTURA**, tanto *física*, quanto *organizacional*, *formal* e até mesmo *pessoal*. Sem a estrutura adequada ninguém consegue *caprichar*, e o capricho talvez seja hoje o mais importante diferencial para quem deseja obter **SUCESSO** no competitivo — mas muito promissor! — mundo dos negócios. E boa **S.O.R.T.E.** para você!

S.O.R.T.E. NOS NEGÓCIOS | PARTE V

ESTRUTURA: QUAL + QUEM

CONCORRÊNCIA E DIFERENCIAÇÃO: ESTRUTURA COMO BASE
Como sua estrutura empresarial pode ajudá-lo a bater os concorrentes?
Como uma sólida estrutura pessoal pode ajudá-lo a triunfar no negócio?

CAPÍTULO 9 | QUAL: A ESTRUTURA EMPRESARIAL

PROFISSIONAL-EMPRESA × PME × GRANDE ORGANIZAÇÃO
Como estruturar sua empresa, por menor que ela possa ser, para se tornar uma organização profissional e competitiva como as grandes?

Área de Produção e Compras
Área Financeira
Área de Recursos Humanos
Área de Marketing e Vendas
Área de TI — Tecnologia da Informação

CAPÍTULO 10 | QUEM: SUA ESTRUTURA PESSOAL

VOCÊ E SUA ESTRUTURA PESSOAL: SEGURANDO O ROJÃO!
Como fortalecer sua mente para encarar dificuldades, desafios e oportunidades com serenidade, disciplina, autocontrole e muito pique?

S.O.R.T.E. NOS NEGÓCIOS | PARTE V

ESTRUTURA:
QUAL + QUEM

CONCORRÊNCIA E DIFERENCIAÇÃO: A ESTRUTURA COMO BASE

Como sua estrutura empresarial pode ajudá-lo a bater os concorrentes? Como uma sólida estrutura pessoal pode ajudá-lo a triunfar no negócio?

Estrutura para empreender. Convenhamos: o mercado já está um tanto abarrotado de ofertas no seu ramo, todas elas muito similares (pelo menos numa primeira batida de olhos) a esta "nova proposta" que agora você se propõe a trazer ao segmento, através de seu negócio próprio. A batalha pela captação e fidelização dos clientes será acirrada, cada vez mais acirrada. Acredite-me: demanda existe, sempre existirá, você "só" terá de fazer com que ela se volte para o *seu* negócio para ser atendida. Frequentemente, a dúvida do seu cliente em potencial não é tanto se ele irá comprar um determinado produto ou se irá contratar um determinado serviço: ele, provavelmente, já se decidiu em favor da compra ou da contratação. A dúvida do consumidor agora é: "Eu vou fazer isso com *qual* empresa"? Aí é que entra a questão da *estrutura empresarial* do seu negócio como forma de lhe dar uma personalidade diferenciada e torná-lo mais atraente do que a concorrência. Na "era da carne de vaca" nos negócios, *diferenciação* é tudo para conquistar seu lugar ao sol no mercado; e uma estrutura empresarial sólida, bem construída, comprovará ao cliente em potencial que sua empresa, acima de todas as outras do mercado que se parecem com ela, é a que melhor irá atendê-lo nesse momento. Daí... bingo, o cliente será seu!

Estrutura *empresarial*. Seu desafio será estruturar sua empresa, por menor que ela possa ser, para se tornar uma organização profissional e competitiva como as grandes. Isso, independentemente de ela funcionar no modelo profissional-empresa ou de ter colaboradores, quem sabe até vários deles. Tamanho pode não ser documento, mas estrutura empresarial é! Portanto, será recomendável enxergar todas as atividades da sua empresa a partir das tradicionais áreas funcionais de qualquer empresa bem organizada, com suas respectivas "rotinas de trabalho" definidas por área: Produção e Compras, Área Financeira, Recursos Humanos, Marketing e Vendas, TI.

Estrutura *pessoal*. Pelo menos nos primeiros anos (e talvez por algumas décadas!) seu negócio dependerá muito de você. Sim, da sua pessoa mesmo. Estar bem estruturado emocional e espiritualmente poderá mantê-lo sempre nos eixos, sopre o vento para o lado que soprar. Aqui, seu desafio será fortalecer sua mente para encarar dificuldades, desafios e oportunidades com serenidade, disciplina, autocontrole e muito pique. Pois você precisará de tudo isso para firmar os passos e prosseguir confiante nos anos de vacas magras, sem se deslumbrar e se estragar como ser humano quando a bonança vier a reboque. Ela virá: você estará bem estruturado para encará-la?

VAMOS FATURAR!

Se você já está confortável com a *estrutura* a sua disposição para fazer as coisas em seu projeto empreendedor com muito capricho, talvez possa dispensar a leitura desta seção do livro. Do contrário, recomendo que colha nas próximas páginas boas orientações para amadurecer sua decisão de se estabelecer por conta própria, buscando a **ESTRUTURA** mínima necessária para explorar adequadamente seu **TALENTO**, assim, aumentando suas chances de fazer benfeito, diferenciar-se perante a concorrência e garantir seu **SUCESSO**! E boa **S.O.R.T.E.** para você!

CAPÍTULO 9 | QUAL: ESTRUTURA EMPRESARIAL

PROFISSIONAL-EMPRESA × PME × GRANDE ORGANIZAÇÃO

Como estruturar sua empresa, por menor que ela possa ser, para se tornar uma organização profissional e competitiva como as grandes?

Estrutura física. A sede e as instalações de sua empresa dependerão muito do formato de negócio escolhido e do grande setor elencado para atuar: indústria, comércio ou serviços. Se for *indústria*, precisará de um galpão em uma zona da cidade que comporte este tipo de atividade. Se não for *comércio* exclusivamente on-line, será necessária uma loja (na rua ou em um shopping), pelo menos um quiosque. Se for prestação de *serviços*, você poderá até trabalhar a partir de casa, em um *home office*. Isso funcionará bem para o empreendedor que for organizado, não tiver colaboradores verticais e não precisar receber clientes. É prático, barato e, desde que tenha um cantinho lá em casa que dê para reservar para o seu negócio, será possível trabalhar com profissionalismo, sim. A partir daí, procure um escritório virtual, para ter um endereço formal distinto daquele da sua residência e para poder contar com uma eventual estrutura de apoio para receber correspondências, chamadas ou marcar eventuais reuniões presenciais. Alugar (ou comprar) uma sala comercial pode ser desnecessário. Além do custo do aluguel ou da prestação e de gastos com condomínio, água, luz e manutenção, o empreendedor ainda terá despesas mobiliando a sala, talvez até mantendo um assistente lá — uma pessoa que agregará muito pouco além de atender algumas ligações, mas lhe custará um bom tanto todos os meses. Pense também em um escritório compartilhado com outros profissionais da área ou empreendedores complementares. Pode ser uma solução econômica que funcione para você e deverá tirá-lo da quietude do "escritorinho"(algo importante para gente que gosta mais de "ver gente").

Intangível. Ainda mais importante que a estrutura física será a *estrutura organizacional* do seu negócio. Independente do ramo ou do porte, sua empresa tem de ser uma legítima *organização*. Mesmo com pouca gente ou ainda que seja uma organização de um só profissional, ela tem de estar estruturada com base em um grupo de áreas funcionais complementares, cada qual cobrindo um conjunto de *rotinas funcionais* que, agrupadas, reúnem as principais atividades que *toda* empresa tem que desempenhar. A seguir, relaciono essas áreas e suas principais rotinas, para que você tenha uma visão abrangente de todas as responsabilidades que terá de encarar como empreendedor, para, enfim, poder dizer de boca cheia que tem mesmo um negócio bem-sucedido... e muito promissor!

Área de Produção e Compras

A Área de Produção e Compras cuida de como adquirir os insumos necessários e produzir os bens e/ou serviços que sua empresa irá depois comercializar:

- Compras e suprimentos;
- Manufatura;
- Controle de qualidade;
- Manutenção de equipamentos fabris;
- Manutenção de chão de fábrica e predial;
- Gerenciamento de estoques.

Área Financeira

A Área Financeira organiza as rotinas que cuidam da passagem do dinheiro através das várias atividades de seu negócio próprio. Cuida tanto do lado financeiro, em si, quanto do lado formal/fiscal:

- Faturamento;
- Contas a pagar;
- Contas a receber e cobrança;
- Controle de bancos (e pequeno caixa);
- Planejamento e controle do fluxo de caixa;
- Elaboração de orçamentos de investimentos;
- Arquivo lógico × arquivo físico de documentos fiscais;
- Preparação de demonstrativos contábeis;
- Relacionamento com o escritório de Contabilidade.

Área de Recursos Humanos

O RH da empresa trata de assegurar que a organização terá os colaboradores necessários, seja na condição de funcionários, de autônomos ou de pessoas jurídicas prestadoras de serviços. Ela também zela pelos direitos legais de todos eles, remunerando, fornecendo benefícios, programas de treinamento, desenvolvimento e motivação para formar uma equipe de alta performance:

- Recrutamento;
- Seleção;
- Contratação;
- Remuneração (financeira, profissional, pessoal);
- Benefícios;
- Monitoramento e avaliação de desempenho;
- Treinamento e desenvolvimento;
- Promoção e plano de carreira;
- Desligamento e rescisão de contrato de trabalho.

A VIRADA NA CARREIRA

Área de Marketing e Vendas

A Área de Marketing cuida de como tornar sua oferta conhecida e reconhecida no mercado, captando, atendendo, encantando e retendo clientes, convertendo-os em divulgadores, fortalecendo, assim, o conceito da marca e de sua oferta única ao mercado. Pequenos empreendedores sentem-se inseguros de empregar seus recursos financeiros (sempre escassos) nesta área, pois os resultados que produz, por vezes, não podem ser medidos com tanta objetividade financeira a curto prazo. Não cometa esse erro, lembre-se do ditado: "O *marketing* é a alma do negócio"! Se possível, conte com o apoio de uma agência especializada. As principais rotinas e responsabilidades aqui são:

- Nome e logotipo;
- Papelaria: cartões de visitas, papel timbrado, envelopes;
- Publicidade e assessoria de imprensa;
- Propaganda;
- Campanhas promocionais;
- Criação e manutenção de website institucional;
- Mídias sociais (Facebook, Twitter, LinkedIn);
- Relacionamento com a agência de propaganda e publicidade.

A Área Comercial (Vendas) trabalha seguindo três palavras de ordem no negócio: vender, vender e vender! Seu desempenho é diretamente medido pelo faturamento da empresa diante das condições de mercado e a performance de vendas dos concorrentes. A rotina de suas atividades abrange:

- Levantamento de contatos e esforço na prospecção;
- Venda;
- Criação e manutenção de website comercial (como canal de vendas);
- Pós-venda;
- Manutenção e administração de contratos;
- Negociações e renegociações com clientes.

214

CAPÍTULO 9 | QUAL: ESTRUTURA EMPRESARIAL

Área de TI — Tecnologia da Informação

A área de TI de sua (provavelmente pequena) empresa (pelo menos no começo) deve ser organizada para se tornar uma aliada de seus objetivos de negócios, não apenas um "mal necessário", usando a tecnologia da informação a favor da produtividade e assertividade em sua empresa. Sua rotina inclui:

- Aquisição e manutenção de computadores (software e hardware);
- Redes;
- Tablets e smartphones;
- Telefonia e internet;
- Automação predial.

215

CAPÍTULO 10 | QUEM: SUA ESTRUTURA PESSOAL

VOCÊ E SUA ESTRUTURA PESSOAL: SEGURANDO O ROJÃO!

Como fortalecer sua mente para encarar dificuldades, desafios e oportunidades com serenidade, disciplina, autocontrole e muito pique?

Força! O empreendedor, fatalmente, encontrará uma série de obstáculos no seu caminho. A maior parte deles pode perfeitamente ser transposta, se ao menos você mantiver sua estrutura emocional bem firmada. Veja, sua força emocional não mudará a natureza ou a gravidade de cada problema, apenas tornará você mais forte para enfrentá-los e triunfar sobre eles. A seguir, veja dez características da personalidade de empreendedores de sucesso que os fazem emocionalmente resistentes... e vitoriosos:

1) **Eles vivem de acordo com aquilo em que acreditam: faça chuva, faça sol.** Chame-os de teimosos, se achar que deve, e mesmo assim os empreendedores obstinados não deixarão de fazer o que acham que tem de ser feito, recusando-se a serem manipulados ou controlados pelos outros. *Medo*, *receio* e *remorso* são palavras que simplesmente não se encaixam bem à psicologia dos empreendedores de fibra. Isso não quer dizer que eles sejam

CAPÍTULO 10 | QUEM: SUA ESTRUTURA PESSOAL

loucos ou insensíveis aos próprios erros, apenas que são guiados por valores que, por vezes, são maiores que eles mesmos. O que não deixa de ser um tanto raro... e admirável!

2) **Eles não têm medo de arriscar.** Empreendedores profissionais não são meros aventureiros com pouco juízo: eles calculam seus riscos na ponta do lápis antes de assumi-los. Mas riscos calculados continuam sendo *riscos* e os empreendedores bem firmados emocionalmente sabem que quem não arrisca não petisca. Nenhum deles deixa de chutar para o gol com medo de a bola bater na trave (ou ir para fora!), mesmo sabendo que essas são possibilidades concretas. Eles sabem que ficar no banco pode ser seguro, mas quem não sai do banco e não arrisca, até mesmo de ser vaiado pela torcida, jamais fará um gol de bicicleta, daqueles de arrancar suspiros dos fãs. Que dirá pontuar no campeonato...

3) **Eles não se amedrontam com a mudança.** Os empreendedores emocionalmente seguros são movidos por forças internas que vão além das meras circunstâncias que os cercam e, assim, jamais extraem sua estabilidade da zona de conforto. São visionários, identificam novas tendências com rapidez e se predispõem a acompanhá-las (ou liderá-las!) de bom grado. Sabem, inclusive, que mudanças geram resistências em muitos e estes ficarão para trás, abrindo espaço para que os empreendedores rápidos e adaptativos, inclusive, aumentem sua participação de mercado.

4) **Eles estão sempre de prontidão.** Empreendedores com mentes e corações fortalecidos mal podem esperar para sair da cama a cada novo dia, faça frio ou calor. Esse pessoal vibra o tempo todo com um senso de urgência e realização que, simplesmente, não lhes permite parar. Eles não têm pensamentos de preguiça e procrastinação: são realizadores natos e, por isso, estão sempre em busca de novos desafios.

5) **Eles valorizam o tempo e mantêm o foco.** Todos nós gostamos de andar com a rédea solta, às vezes. Isso quase nunca acontece com os empreendedores "firmes na rocha": eles valorizam o tempo, porque entendem que o tempo (e a energia que está

217

contida nele) é a única verdadeira riqueza neste mundo que pode transformar matéria-prima bruta em bens e serviços que agregam valor para a vida das pessoas. Esses empreendedores estão sempre entupidos de afazeres, sempre com o tempo curtíssimo... e, curiosamente, estão sempre dispostos a trazer para dentro do seu dia a dia mais uma atividade que faça sentido em seu caminho empreendedor e seu projeto de vida.

6) **Eles não têm dó de si mesmos e não vivem reclamando de tudo**. Empreendedores resilientes se recusam a choramingar pelos quatro cantos e se fazer de vítima das circunstâncias. Eles sabem que a vida nem sempre é fácil, nem sempre é justa, mas pode ser boa para quem souber encará-la. Quando tudo parece dar errado, eles resistem... e insistem! Mantêm-se sempre de olho em algo bom que pode estar por acontecer, simplesmente porque decidiram que algo bom *vai* acontecer! E trabalham fervorosamente, mas não esperam que tudo dê certo sempre. Eles têm plena consciência de que a dedicação além da média produzirá sucesso, entre erros e acertos, fazendo os acertos, no final das contas, pesarem mais!

7) **Eles não cultivam a ansiedade**. Empreendedores com emoções bem resolvidas sabem que tentar controlar o que está realisticamente fora do seu controle não produzirá nenhum efeito positivo, apenas *ansiedade*! Diante da pressão do dia a dia, esse pessoal procura viver por aquele pensamento do intelectual americano Reinhold Niebuhr: "Que Deus me dê serenidade para aceitar as coisas que não posso mudar, coragem para mudar as que posso e sabedoria para distinguirmos umas das outras." Empreendedores com este perfil sabem!

8) **Eles também sabem retribuir e dividir**. Uma base emocional sólida é fundamental para você não se sentir ameaçado, para que possa desenvolver um senso de cuidado e proteção àqueles que o cercam. Empreendedores partilhadores têm prazer em ajudar os desfavorecidos, os carentes, os deficientes. Em geral, doam dinheiro, tempo, prestígio, e se envolvem com facilidade em causas regionais, sociais e humanitárias. É comum, até mesmo, que contribuam com seu dinamismo de excelentes planejadores e

CAPÍTULO 10 | QUEM: SUA ESTRUTURA PESSOAL

gestores destacados para ajudar na organização e no sucesso dessas causas, levando seu dinamismo empreendedor também ao terceiro setor.

9) **Eles sabem perdoar.** Empreendedores com boa base emocional sabem que diferentes pessoas têm diferentes pensamentos e interesses e que, vez ou outra, alguns atritos ocorrerão. Eles não costumam "esquentar o tempo" à toa, têm dificuldade em guardar mágoa e facilidade para esquecer momentos mais tensos e desagradáveis nas relações pessoais. Afinal, também são profissionais com elevado senso prático e sabem que gastar tempo e energia com rusgas e intrigas não é algo efetivamente produtivo para os resultados do seu negócio.

10) **Eles decidem que serão felizes... e pronto!** Empreendedores com sólida estrutura emocional não são loucos: eles sabem que diversas circunstâncias de sua caminhada empreendedora os farão tristes, aborrecidos ou até deprimidos. No entanto, eles escolhem ser essencialmente felizes e isso acaba contagiando de maneira positiva quem está ao seu redor. Afinal, qual pode ser a utilidade de um líder cabisbaixo, que não vê rumo a tomar na dificuldade, nem, muito menos, saída? E mesmo que você não tenha colaboradores na empresa, continuará com o desafio de liderar a si mesmo e motivar seus clientes e fornecedores. O mundo dos negócios já está bastante cheio de derrotistas, não precisa de mais gente assim, e os empreendedores positivos sabem que farão *a diferença* com sua opção pela felicidade!

CONTEÚDO CORRELATO A ESTE LIVRO ESTÁ DISPONÍVEL PARA CONSULTA OU DOWNLOAD GRATUITO EM:

WWW.OPLANODAVIRADA.COM.BR

FINANÇAS PESSOAIS
&
EMPREENDEDORISMO & FINANÇAS DA PME

As melhores e mais atualizadas dicas, orientações e ferramentas você encontra no site www.oplanodavirada, o mais completo portal de educação financeira do país, diariamente atualizado pela Equipe do PROF®.

Nosso acervo é composto por artigos, calculadoras, simuladores, áudios e vídeos cobrindo os mais variados aspectos do bom planejamento e da gestão eficaz das finanças. O acesso ao conteúdo do portal é gratuito, e lá você também poderá se inscrever para receber nossa newsletter semanal. Acesse, e vamos prosperar!

CONHEÇA TAMBÉM:

Quer dar a virada em sua vida financeira rumo à prosperidade duradoura?

Quer fazer seu negócio próprio gerar mais dinheiro, crescer e prosperar?

Uma vida com qualidade - Esse é o sonho de 10 entre 10 pessoas, mas poucas realmente o realizam, em parte porque os desafios da vida lhes são maiores, e para uma parcela ainda maior, porque cometem pequenos – às vezes grandes! – equívocos, e isso vai tornando o desafio de alcançar a plenitude financeira uma tarefa impossível.

Empobrecer ou enriquecer? A maior parte das pessoas não gosta de lidar com finanças e, apesar de trabalhar muito, acaba agindo de modo a empobrecer, ao invés de enriquecer a cada dia. Como isso ocorre na prática? Este livro mostra em detalhes as armadilhas do pensar pobre para que você possa construir um caminho sólido rumo à prosperidade duradoura. E o melhor: não é nada complicado, com um pouco de esforço e disciplina começa a ver resultados rapidamente!

Uma nova fórmula, uma nova mentalidade. Nas 10 lições fundamentais deste livro, traduzi um conjunto de passos financeiros objetivos e certeiros, que irão levar você a um outro patamar de prosperidade. São boas estratégias para refletir, reformular sua mentalidade econômica e adotar um novo conjunto de práticas de enriquecimento gradual e contínuo rumo à prosperidade duradoura! **Leia, experimente, comprove... e vamos prosperar!**

38 ESTRATÉGIAS
PARA VENCER QUALQUER DEBATE

A forma como nos comportamos socialmente não mudou muito desde Aristóteles. Referenciado pelo pensador grego, Schopenhauer desenvolve em sua Dialética Erística, **38 estratégias sobre a arte de vencer um oponente num debate não importando os meios.** E, para isso, mostra os ardis da maior ferramenta que todos possuímos, a palavra. Usar argumentos e estratagemas certos numa conversa é uma arma poderosa em qualquer momento. E tanto vale para quem quer reforçar um talento, evitar ciladas dialéticas, ou simplesmente estar bem preparado para negociações ou qualquer outra ocasião que exija argumentação... o que acontece em todos os momentos da vida.

Essas estratégias não foram inventadas por Schopenhauer. Seu trabalho foi identifica-las, reuni-las de modo coerente, mostrando como são utilizadas, em quais momentos elas surgem em meio a uma discussão, de modo que você possa utilizar-se deste livro até mesmo para desmascarar o uso das estratégias.

Em discussões, o objetivo de todos é persuadir. No entanto, o melhor resultado é obtido pela pessoa mais hábil em manter a sua posição. Esta obra cataloga os truques utilizados por profissionais de todas as áreas. Pode ser que você esteja com a razão, mas **uma vez que você entre num debate estar certo não é o suficiente.** Você precisa conhecer os movimentos dessa arte para ter força no jogo. Este livro ensinará tudo o que você precisa saber.

ASSINE NOSSA NEWSLETTER E RECEBA INFORMAÇÕES DE TODOS OS LANÇAMENTOS

www.faroeditorial.com.br

ESTA OBRA FOI IMPRESSA POR LIS GRÁFICA EM JANEIRO DE 2016